野菜どっさり
## やせパスタ100

新谷友里江

# やせパスタって？、

パスタが大好きです。冷蔵庫に余っている食材で手軽に作れるので、
自宅でもよく作りますし、子どもたちも大好きなので、外食でもよく食べます。
サラダやスープを一緒に食べたりはしますが、パスタはどうしても麺の割合が多く、
糖質過多になりがちですよね。反対に野菜やたんぱく質はあまりとれないので、
体重や体型が気になる時には、食べるのをガマンすることもありました。

でも、ダイエット中でも糖質を気にせず、おいしいパスタが食べられたら!!
そこで、麺を通常の半分に減らし、1人分50gにしてみたところ…。
麺を減らしたぶん、野菜やたんぱく質をどっさりと加えることで、
ボリュームは変わらずに満足感がありつつ、糖質控えめのヘルシーなパスタができました。

パスタに合わせる食材は、青菜類やブロッコリー、カリフラワーなどの低糖質野菜、
食物繊維たっぷりのきのこ、腸活にもおすすめな発酵食品を積極的に使いました。
代謝が落ちないように、肉や魚などのたんぱく質もしっかり使っています。

実際に「やせパスタ」を食べてみると、野菜たっぷりでよくかむので満足できますし、
食べ終わったあともお腹が軽やか。糖質が控えめなので、食後の眠けやだるさもありません。

この本ではあえるだけ、のせるだけの簡単なレシピから、さっと炒めて作るパスタ、
フライパンや電子レンジだけで作るお手軽レシピなど、100品をご紹介しています。
味つけも和洋中エスニックと、バラエティ豊か。
ぜひお気に入りのパスタを見つけて、いろいろ作ってみてください。
ダイエット中でも、おいしいやせパスタを食べて、ガマンせずにきれいになりましょう！

**新谷友里江**

contents

# 1. あえ やせパスタ

8 ツナとくずしブロッコリーのパスタ
9 ツナとキャベツ、しめじのしょうゆパスタ
10 ツナとせん切り大根のさっぱりパスタ
11 くずし豆腐と水菜のカルボナーラ風
12 かまぼこと豆苗の梅わさびパスタ
13 エリンギのたらこバターパスタ
14 しらすとアスパラの明太パスタ
15 しらすとにんじんのゆかりパスタ
16 しらすの和風ジェノベーゼ
17 じゃことピーマンのうま塩パスタ
18 じゃことしいたけのみそパスタ
19 ちくわとにらのオイスター黒こしょうパスタ
20 チャーシューとキャベツのねぎだれパスタ
21 きのこの桜えびバターパスタ
22 カッテージチーズとキムチのパスタ
23 ひじきとにらの梅パスタ
24 ささみと小松菜のピリ辛パスタ
25 ささみとれんこんののりつくだ煮わさびパスタ
26 豚しゃぶと豆苗のゆずこしょうパスタ
26 豚しゃぶと水菜の塩昆布パスタ
28 豚しゃぶと長ねぎのカレーパスタ
28 豚しゃぶとチンゲンサイのマスタードしょうゆパスタ
30 油揚げと納豆のポン酢パスタ
30 厚揚げと豆苗のエスニックパスタ
32 あさり缶といんげんのナンプラーバターパスタ
32 むきえびとピーマンのおろしパスタ
34 桜えびとトマトの韓国風冷製パスタ
35 スモークサーモンとサニーレタスの冷製パスタ
36 ミックスビーンズの冷製ヨーグルトマヨパスタ

# 2. のっけ やせパスタ

38 えのきと水菜の釜玉パスタ
39 ツナと豆苗、わかめのしょうゆパスタ
40 ツナと白菜のなめたけパスタ
41 しらすとブロッコリーのめんつゆレモンパスタ
42 チャーシューともやしのオイスターパスタ
43 じゃこと豆苗の豆腐塩昆布あえパスタ
44 ひらひら大根の明太豆乳クリームパスタ
45 納豆キムチとにらのパスタ
46 温玉と春菊のおろしパスタ
47 桜えびとトマトのおろしポン酢パスタ
48 鮭フレークとキャベツの温玉めんつゆパスタ
49 ささみとブロッコリーのゆずこしょうパスタ
50 豚しゃぶともやしの梅わさびパスタ
51 ゆで鶏となすのピリ辛パスタ
52 さば缶ときのこの冷製梅パスタ

# 3. さっと炒め やせパスタ

54 しらすとキャベツ、しめじのペペロンチーノ
55 どっさりきのこのペペロンチーノ
56 しらすとえのきの高菜パスタ
57 しらすとトマトのバターじょうゆパスタ
58 ツナとブロッコリーのレモン豆乳クリームパスタ
59 ツナとほうれんそうのトマトクリームパスタ
60 ウインナーとピーマンのナポリタン
61 ウインナーとなすのアラビアータ
62 どっさりきのこのトマトソース
63 ベーコンとなすのしょうゆパスタ
64 鶏むね肉とカリフラワーのカレークリームパスタ

65 鶏もも肉と小松菜のピリ辛ザーサイパスタ
66 鶏もも肉と大根のガーリックバターパスタ
67 豚キムチとピーマンのパスタ
68 豚こま肉とチンゲンサイのピリ辛オイスターパスタ
69 鶏ひき肉とアスパラのゆずこしょうパスタ
70 鶏ひき肉と水菜のカレーパスタ
71 鶏ひき肉と春菊のアンチョビパスタ
72 豚ひき肉と納豆のしょうがみそパスタ
73 なすとモッツァレラのミートソース
74 サルシッチャとキャベツのガーリックパスタ
75 ブロッコリーとプチトマトのボンゴレ
76 鮭とわかめのザーサイパスタ
77 鮭とほうれんそうのクリームパスタ
78 いかとかぶのたらこ豆乳クリームパスタ

# 4. スープ やせパスタ

80 ウインナーとたっぷり野菜の洋風スープパスタ
80 ウインナー入りミネストローネパスタ
81 ベーコンと白菜のコンソメスープパスタ
81 鶏ひき肉とかぶのトマトスープパスタ
84 鶏ひき肉とクレソンのエスニックスープパスタ
84 鶏むね肉と小松菜の和風スープパスタ
85 鶏もも肉とほうれんそうのレモンクリームスープパスタ
85 鶏もも肉とキャベツのカレースープパスタ
88 ささみときのこの和風スープパスタ
88 ささみとカリフラワーの豆乳スープパスタ
90 豚こま肉と大根のピリ辛ごまみそスープパスタ
90 むきえびとズッキーニのトマトクリームスープパスタ
92 あさり缶と白菜のクラムチャウダーパスタ
92 きのこのボンゴレ風スープパスタ
94 豆腐とオクラの明太スープパスタ

# 5. ワンパン やせパスタ

96 ベーコンと水菜のペペロンチーノ
97 ツナときのこのバターじょうゆパスタ
98 ウインナーと白菜のアンチョビトマトソース
99 ベーコンとズッキーニのクリーミーナポリタン
100 ベーコンとアスパラのアラビアータ
101 鶏もも肉とエリンギのゆずこしょうのりパスタ
102 鶏もも肉とかぶのめんつゆしょうがパスタ
103 むきえびとピーマンのパセリパスタ
104 鮭といんげんのチーズクリームパスタ
105 さば缶とカリフラワーのカレーパスタ

## column

6 パスタのおいしいゆで方／やせパスタを作るコツ

**レンチンやせパスタ**

106 ベーコンときのこのバターじょうゆパスタ
107 桜えびと小松菜のペペロンチーノ
108 ウインナーとキャベツのトマトソース
109 鶏ひき肉とチンゲンサイのゆずこしょうパスタ
110 いんげん入りミートソース
111 むきえびとアスパラのカルボナーラ

**【この本での約束ごと】**

・大さじ1は15㎖、小さじ1は5㎖、1カップは200㎖です。

・塩は精製されていないもの、オリーブ油はエキストラ・バージン・オリーブオイル、だし汁は昆布とかつお節でとったものを使っています。

・電子レンジの加熱時間は、600Wのものを基準にしています。500Wの場合は、1.2倍の時間を目安にしてください。機種によっては、多少差が出ることもあります。

# パスタのおいしいゆで方

**1** 鍋に湯1ℓを沸かし、塩小さじ2を加える。

**2** スパゲッティ100g（2人分）を入れ、菜箸で全体を沈めて湯にひたらせる。

**3** 吹きこぼれないよう弱火でゆで、麺がくっつかないように途中で1〜2回混ぜる。

**4** 袋の表示時間を目安にゆで、ざるに上げて湯をきる。ゆで汁が必要な場合はとっておく。

# やせパスタを作るコツ

パスタは通常の半量（2人分で100g）がポイント。途中で野菜やきのこを加え、一緒にゆでる。

ともにざるに上げ、湯をきる。野菜やきのこでかさ増しされ、低糖質なのに食べごたえ満点に。

# 1.
## あえ
# やせパスタ

ボウルの中で麺と具材をあえて作る、いちばん簡単なパスタです。
肉や野菜は麺と一緒にゆでるから、ひとつの鍋で済んでラクラク。
野菜とたんぱく質でボリュームアップすれば、少ない麺でも満足感は十分！
肉は脂が少ないものを使い、油も控えめにして、低カロリーに仕上げます。

# ツナとくずしブロッコリーのパスタ

ブロッコリーを丸ごと1株加え、ツナで高たんぱくに仕上げたひと皿。
くたくたのブロッコリーが麺にからみ、にんにくがふわりと香ります。

**材料／2人分**

ツナ缶（水煮・汁けをきる）… 小2缶（140g）
ブロッコリー（小房に分ける）… 1株（300g）
スパゲッティ … 100g

A
　スパゲッティのゆで汁
　　… 大さじ2
　オリーブ油 … 大さじ1
　にんにく（すりおろす）… 小さじ1/2
　塩 … 小さじ1/4
　こしょう … 少々

**作り方**

1　スパゲッティは塩小さじ2を加えた熱湯1ℓでブロッコリーとともにゆで、湯をきる。

2　ボウルに1、ツナ、Aを入れ、さっとあえる。

# ツナとキャベツ、しめじのしょうゆパスタ

キャベツ&しめじの腸活コンビを使った、しょうゆベースの和風パスタ。
キャベツはさっとゆで、かみごたえを残すと満足感が出ます。

### 材料／2人分

ツナ缶（水煮・汁けをきる）… 小2缶（140g）
キャベツ（4cm角に切る）… 3枚
しめじ（ほぐす）… 1パック（100g）
スパゲッティ … 100g
A│スパゲッティのゆで汁 … 大さじ2
　│オリーブ油 … 大さじ1
　│しょうゆ … 小さじ2
万能ねぎ（小口切り）… 適量

### 作り方

1　スパゲッティは塩小さじ2を加えた熱湯1ℓでゆで、ゆで上がる1分前にキャベツ、しめじを加えて一緒にゆで、湯をきる。

2　ボウルに1、ツナ、Aを入れてさっとあえ、器に盛って万能ねぎを散らす。

# ツナとせん切り大根のさっぱりパスタ

大根は生のまま長めのせん切りにし、麺になじませてかさ増しを。
めんつゆに酢を加えてさっぱりさせれば、酢の脂肪燃焼作用も期待できます。

### 材料／2人分

ツナ缶（水煮・汁けをきる）… 小2缶（140g）
大根（せん切り）… 8cm（300g）
スパゲッティ（塩小さじ2を加えた熱湯1ℓでゆで、
　湯をきる）… 100g
　めんつゆ（3倍濃縮）、酢、
　　スパゲッティのゆで汁 … 各大さじ1½
ごま油 … 大さじ1
青じそ（せん切り）… 3枚

### 作り方

1　ボウルに青じそ以外の材料をすべて入れてさっとあえ、器に盛って青じそをのせる。

# くずし豆腐と水菜のカルボナーラ風

くずした豆腐＋粉チーズ＋卵黄で、低カロリーのカルボナーラが完成。まるまる1束加えた水菜の食物繊維が、お腹をすっきりさせてくれます。

### 材料／2人分

卵黄 … 2個分
絹ごし豆腐（キッチンペーパーで水けをふく）
　… 1丁（300g）
A ┃ ロースハム（半分に切り、1cm幅に切る）
　┃　… 4枚
　┃ 粉チーズ、オリーブ油
　┃　… 各大さじ1
　┃ 塩 … 小さじ1/3
水菜（5cm幅に切る）… 1束（200g）
スパゲッティ … 100g
粗びき黒こしょう … 少々

### 作り方

**1** スパゲッティは塩小さじ2を加えた熱湯1ℓでゆで、ゆで上がる30秒前に水菜を加えて一緒にゆで、湯をきる。

**2** ボウルに豆腐を入れてスプーンでつぶし、Aを加えて混ぜ、1を加えてさっとあえる。器に盛って卵黄をのせ、黒こしょうをふる。

# かまぼこと豆苗の梅わさびパスタ

低糖質な優秀食材・豆苗を、どっさり2袋加えてボリュームアップ。めんつゆ＋梅でさわやかな味わい。

### 材料／2人分

かまぼこ（5mm幅のいちょう切り）… 小1本（70g）
豆苗（長さを半分に切る）… 2袋
玉ねぎ（薄切り）… ½個
スパゲッティ … 100g
A ┃ 梅干し（種を除き、たたく）… 1個
　┃ スパゲッティのゆで汁 … 大さじ2
　┃ めんつゆ（3倍濃縮）、オリーブ油 … 各大さじ1
　┃ おろしわさび … 小さじ½

### 作り方

**1** スパゲッティは塩小さじ2を加えた熱湯1ℓでゆで、ゆで上がる1分前に豆苗、玉ねぎを加えて一緒にゆで、湯をきる。

**2** ボウルにAを入れて混ぜ、かまぼこ、1を加えてさっとあえる。

# エリンギの
# たらこバターパスタ

人気のたらこバター味に、
低カロリーのエリンギをたっぷり加えて。
きのこはこのほか、しめじ、えのき、
マッシュルームでもOKです。

### 材料／2人分

たらこ（薄皮を除く）… 1本（40g）
エリンギ（縦横半分に切り、5mm幅に切る）
　　… 2パック（200g）
スパゲッティ … 100g
A ｜ スパゲッティのゆで汁 … 大さじ2
　　｜ バター … 10g

### 作り方

1. スパゲッティは塩小さじ2を加えた熱湯1ℓでゆで、ゆで上がる1分前にエリンギを加えて一緒にゆで、湯をきる。

2. ボウルに1、たらこ、Aを入れ、さっとあえる。

# しらすとアスパラの明太パスタ

明太パスタにしらすを加え、たんぱく質とうまみを強化。
アスパラは麺と同化するようにピーラーでむき、
さっとゆでることで食感も楽しみます。

### 材料／2人分

明太子（薄皮を除く）… 1本（40g）
しらす … 大さじ3
グリーンアスパラ（下のかたい皮をむき、
　ピーラーで薄切り）… 8本
スパゲッティ … 100g
A ｜ スパゲッティのゆで汁 … 大さじ2
　 ｜ バター … 10g
　 ｜ こしょう … 少々

### 作り方

1　スパゲッティは塩小さじ2を加えた熱湯1ℓでゆで、ゆで上がる30秒前にアスパラを加えて一緒にゆで、湯をきる。

2　ボウルに1、明太子、しらす、Aを入れ、さっとあえる。

# しらすとにんじんのゆかりパスタ

ゆかりの酸味がさわやかなひと皿。にんじんはピーラーでむくことで
麺になじませ、マッシュルームが脂質代謝を促し、腸内をすっきりと。

## 材料／2人分

しらす … 大さじ3
にんじん（ピーラーで薄切り）… ½本
マッシュルーム（薄切り）… 5個
スパゲッティ（塩小さじ2を加えた熱湯1ℓでゆで、
　湯をきる）… 100g
スパゲッティのゆで汁 … 大さじ2
オリーブ油 … 大さじ1
ゆかり … 小さじ1

## 作り方

1　ボウルに材料をすべて入れ、さっとあ
　える。

あえ　15

# しらすの和風ジェノベーゼ

青じそで作る、ヘルシージェノベーゼ風。セロリはさっとゆで、食感を残すことで満足感をアップ、カリウムでむくみ予防も。

**材料／2人分**

しらす … 大さじ4
青じそ（せん切り）… 10枚
セロリ（筋を除き、斜め薄切り）… 2本
ペンネ … 100g
A ┃ 粉チーズ、オリーブ油 … 各大さじ1
　 ┃ 塩、こしょう … 各少々

**作り方**

1. ペンネは塩小さじ2を加えた熱湯1ℓでゆで、ゆで上がる30秒前にセロリを加えて一緒にゆで、湯をきる。

2. ボウルに1、しらす、青じそ、Aを入れ、さっとあえる。

# じゃことピーマンのうま塩パスタ

大きめに切った長ねぎにうま塩だれをからめれば、
どっさりのピーマンも、あっというまにペロリ。
ピーマンのビタミンCで、美肌効果も期待できます。

**材料／2人分**

ちりめんじゃこ … 大さじ3
ピーマン（5mm幅に切る）… 4個
長ねぎ（5mm幅の斜め切り）… 1本
スパゲッティ … 100g

A
- スパゲッティのゆで汁 … 大さじ2
- ごま油 … 大さじ1
- 鶏ガラスープの素 … 小さじ½
- 粗びき黒こしょう … 少々

**作り方**

1 スパゲッティは塩小さじ2を加えた熱湯1ℓでゆで、ゆで上がる1分前にピーマン、長ねぎを加えて一緒にゆで、湯をきる。

2 ボウルにAを入れて混ぜ、じゃこ、1を加えてさっとあえる。器に盛り、粗びき黒こしょう（分量外）をふる。

# じゃことしいたけのみそパスタ

食物繊維が豊富なしいたけ&ごぼうを、発酵食品のみそであえた腸活パスタ。
じゃこでうまみはもちろん、カルシウムも補給できます。

## 材料／2人分

ちりめんじゃこ … 大さじ4
生しいたけ（縦4等分に切る）… 6枚
ごぼう（長さを半分に切ってピーラーで
　薄切りにし、水にさらす）… ½本（50g）
スパゲッティ … 100g
A｜スパゲッティのゆで汁 … 大さじ2
　｜みそ … 小さじ2

## 作り方

**1** スパゲッティは塩小さじ2を加えた
熱湯1ℓでゆで、ゆで上がる2分前に
しいたけ、ごぼうを加えて一緒にゆで、
湯をきる。

**2** ボウルにAを入れて混ぜ、じゃこ、1を
加えてさっとあえる。

## 材料／2人分

ちくわ（1cm幅の斜め切り）… 3本
にら（5cm幅に切る）… 1束（100g）
紫玉ねぎ（薄切り）… ¼個
スパゲッティ … 100g

A
- スパゲッティのゆで汁 … 大さじ2
- ごま油、白すりごま … 各大さじ1
- オイスターソース … 小さじ2
- 粗びき黒こしょう … 小さじ¼

## 作り方

1 スパゲッティは塩小さじ2を加えた熱湯1ℓでゆで、ゆで上がる30秒前ににらを加えて一緒にゆで、湯をきる。

2 ボウルに1、ちくわ、紫玉ねぎ、Aを入れ、さっとあえる。

# ちくわとにらの
# オイスター黒こしょうパスタ

スタミナ野菜のにらをさっとゆで、たっぷり加えた香りのいいひと皿。
オイスターのうまみとキリッと黒こしょう、すりごまでコクも十分です。

# チャーシューとキャベツのねぎだれパスタ

キャベツは細切りにして麺にからみやすくし、
太めに切ったチャーシューで、食べごたえもしっかり。
レモンがきいたねぎだれは、あと味さわやか。

**材料／2人分**

市販のチャーシュー
　（5mm角の棒状に切る）… 100g
キャベツ（横5mm幅に切る）… 4枚
スパゲッティ … 100g

A ┃ 長ねぎ（みじん切り）… ½本
　┃ スパゲッティのゆで汁
　┃　 … 大さじ2
　┃ レモン汁、ごま油、白すりごま
　┃　 … 各大さじ1
　┃ 塩 … 小さじ¼
　┃ こしょう … 少々

**作り方**

**1** スパゲッティは塩小さじ2を加えた熱湯1ℓでゆで、ゆで上がる1分前にキャベツを加えて一緒にゆで、湯をきる。

**2** ボウルにAを入れて混ぜ、チャーシュー、1を加えてさっとあえる。

# きのこの桜えびバターパスタ

低糖質・低カロリーのきのこは、どんなに食べても罪悪感なし。
桜えびのうまみ＋バターの風味で、シンプルでも満足感たっぷり。

**材料／2人分**

桜えび（乾燥）… 大さじ4
まいたけ（ほぐす）
　… 1パック（100g）
生しいたけ（5mm幅に切る）
　… 6枚
スパゲッティ … 100g
A ┃ スパゲッティのゆで汁
　┃ 　… 大さじ2
　┃ 塩 … 小さじ¼
　┃ バター … 10g
　┃ こしょう … 少々

**作り方**

1　スパゲッティは塩小さじ2を加えた熱湯1ℓでゆで、ゆで上がる1分前にきのこを加えて一緒にゆで、湯をきる。

2　ボウルに1、桜えび、Aを入れ、さっとあえる。

# カッテージチーズとキムチのパスタ

低脂質のカッテージチーズ&発酵食品のキムチで、パンチのある味わい。
しいたけの食物繊維と合わせて、しっかり腸活もできるひと皿です。

### 材料／2人分

カッテージチーズ … 大さじ4 (50g)
白菜キムチ (ざく切り) … 50g
ロースハム (半分に切り、1cm幅に切る) … 4枚
生しいたけ (5mm幅に切る) … 8枚
スパゲッティ … 100g
しょうゆ … 小さじ½

### 作り方

1 スパゲッティは塩小さじ2を加えた熱湯1ℓでゆで、ゆで上がる1分前にしいたけを加えて一緒にゆで、湯をきる。

2 ボウルに1、残りの材料を入れ、さっとあえる。

### 材料／2人分

- 芽ひじき（乾燥・水につけて戻し、水けをきる）… 大さじ2
- にら（5cm幅に切る）… 2束（200g）
- ロースハム（半分に切り、5mm幅に切る）… 4枚
- スパゲッティ … 100g
- A
  - 梅干し（種を除き、たたく）… 2個
  - スパゲッティのゆで汁 … 大さじ2
  - ごま油 … 大さじ1

### 作り方

1. スパゲッティは塩小さじ2を加えた熱湯1ℓでゆで、ゆで上がる30秒前ににらを加えて一緒にゆで、湯をきる。
2. ボウルに1、ひじき、ハム、Aを入れ、さっとあえる。

# ひじきとにらの梅パスタ

食物繊維豊富なひじきに、にらの香りと梅だれを合わせた和風味。
どっさりのにらでスタミナアップ、梅のクエン酸で疲労回復効果も。

# ささみと小松菜のピリ辛パスタ

高たんぱく・低脂質のささみ、低糖質の小松菜を麺と一緒にゆでて。
豆板醤のピリッ&ごま油のコクで、フォークが止まりません。

### 材料／2人分

鶏ささみ（筋を除き、ひと口大のそぎ切り）
　… 3本（180g）
小松菜（5cm幅に切る）… 1束（200g）
長ねぎ（斜め薄切り）… ½本
スパゲッティ … 100g

A | スパゲッティのゆで汁 … 大さじ2
　| しょうゆ、ごま油 … 各大さじ1
　| 豆板醤 … 小さじ¼

### 作り方

**1** スパゲッティは塩小さじ2を加えた熱湯1ℓでゆで、ゆで上がる1分30秒前にささみ、小松菜、長ねぎを加えて一緒にゆで、湯をきる。

**2** ボウルにAを入れて混ぜ、1を加えてさっとあえる。

# ささみとれんこんの
# のりつくだ煮わさびパスタ

のりのつくだ煮の甘辛味に、わさびがツンと香ってクセになる味わい。
低脂質のささみでたんぱく質を強化、れんこんのビタミンCで美肌に。

### 材料／2人分

鶏ささみ（筋を除き、ひと口大のそぎ切り）
　… 3本（180g）
れんこん（薄い半月切りにし、水にさらす）
　… 小1節（100g）
かいわれ（根元を切る）… ½パック
スパゲッティ … 100g

A ┃ スパゲッティのゆで汁 … 大さじ2
　┃ のりのつくだ煮 … 大さじ1½
　┃ オリーブ油 … 大さじ1
　┃ おろしわさび … 小さじ½

### 作り方

1　スパゲッティは塩小さじ2を加えた熱湯1ℓでゆで、ゆで上がる1分前にささみ、れんこんを加えて一緒にゆで、湯をきる。

2　ボウルにAを入れて混ぜ、かいわれ、1を加えてさっとあえる。

## 豚しゃぶと豆苗の
## ゆずこしょうパスタ

高たんぱくの豚肉は、ゆでて脂分を落としてカロリーオフ。
豆苗でかさ増ししつつ、ゆずこしょうでパンチのある味に。

## 豚しゃぶと水菜の塩昆布パスタ

たんぱく質豊富な豚肉に、塩昆布のうまみと塩けがきいたひと皿。
どっさりの生の水菜も、これならペロリと食べられます。

## 豚しゃぶと豆苗の
## ゆずこしょうパスタ

**材料／2人分**

豚ロース肉 (しゃぶしゃぶ用) … 150g
豆苗 (長さを半分に切る) … 1袋
スパゲッティ … 100g

A
スパゲッティのゆで汁 … 大さじ2
オリーブ油 … 大さじ1
ゆずこしょう … 小さじ⅔
塩 … 小さじ⅓

**作り方**

**1** スパゲッティは塩小さじ2を加えた熱湯1ℓでゆで、ゆで上がる1分前に豚肉、豆苗を加えて一緒にゆで、湯をきる。

**2** ボウルにAを入れて混ぜ、1を加えてさっとあえる。

## 豚しゃぶと水菜の
## 塩昆布パスタ

**材料／2人分**

豚ロース肉 (しゃぶしゃぶ用) … 150g
水菜 (5cm幅に切る) … ½束 (100g)
スパゲッティ … 100g

A
塩昆布、スパゲッティのゆで汁 … 各大さじ2
ごま油 … 大さじ1
塩 … 少々

**作り方**

**1** スパゲッティは塩小さじ2を加えた熱湯1ℓでゆで、ゆで上がる30秒前に豚肉を加えて一緒にゆで、湯をきる。

**2** ボウルに1、水菜、Aを入れ、さっとあえる。

あえ 27

# 豚しゃぶと長ねぎのカレーパスタ

豚肉のビタミンB₁に、ねぎのアリシンを合わせて疲労を回復。
スパイスがきいたカレー味は、塩分控えめでも満足度十分。

# 豚しゃぶとチンゲンサイの
# マスタードしょうゆパスタ

超低糖質でビタミン豊富なチンゲンサイに、豚肉も入ったパワフルパスタ。
粒マスタードの酸味がフジッリによくからみ、さっぱりいただけます。

## 豚しゃぶと長ねぎの
## カレーパスタ

**材料／2人分**

豚ロース肉（しゃぶしゃぶ用）… 150g
長ねぎ（斜め薄切り）… 1本
万能ねぎ（5cm幅に切る）… 1束
スパゲッティ … 100g
A｜スパゲッティのゆで汁 … 大さじ2
　｜しょうゆ、みりん … 各大さじ½
　｜カレー粉 … 小さじ1

**作り方**

**1** スパゲッティは塩小さじ2を加えた熱湯1ℓでゆで、ゆで上がる30秒前に豚肉、長ねぎを加えて一緒にゆで、湯をきる。

**2** ボウルにAを入れて混ぜ、万能ねぎ、1を加えてさっとあえる。

## 豚しゃぶとチンゲンサイの
## マスタードしょうゆパスタ

**材料／2人分**

豚ロース肉（しゃぶしゃぶ用）… 150g
チンゲンサイ（5cm幅に切り、茎は縦半分に切る）… 2株
フジッリ … 100g
A｜フジッリのゆで汁 … 大さじ2
　｜粒マスタード、オリーブ油 … 各大さじ1
　｜しょうゆ … 小さじ2

**作り方**

**1** フジッリは塩小さじ2を加えた熱湯1ℓでゆで、ゆで上がる1分30秒前に豚肉、チンゲンサイを加えて一緒にゆで、湯をきる。

**2** ボウルに1、Aを入れ、さっとあえる。

# 油揚げと納豆のポン酢パスタ

油揚げと納豆の良質な植物性たんぱく質、
春菊のβ-カロテンやミネラルが、丸ごといただけるひと皿。
ポン酢じょうゆのあっさり味が魅力です。

# 厚揚げと豆苗のエスニックパスタ

たんぱく質のほか、カルシウムも豊富な厚揚げを香ばしく焼いて。
たれはレモン&ナンプラーですっきりと。豆苗でアンチエイジングも。

## 油揚げと納豆のポン酢パスタ

### 材料／2人分

油揚げ … 1枚
納豆（混ぜる）… 2パック（80g）
春菊（葉は摘み、茎は小口切り）… ½束（100g）
長ねぎ（7cm長さのせん切り）… ½本
スパゲッティ（塩小さじ2を加えた熱湯1ℓでゆで、
　湯をきる）… 100g
ポン酢じょうゆ、オリーブ油 … 各大さじ1

### 作り方

1　油揚げは何もひかないフライパンで両面を
こんがり焼き、縦半分に切ってから1cm幅
に切る。

2　ボウルに1、残りの材料を入れ、さっとあ
える。

## 厚揚げと豆苗のエスニックパスタ

### 材料／2人分

厚揚げ（1cm幅のひと口大に切る）… 1枚（150g）
豆苗（長さを3等分に切る）… 1袋
紫玉ねぎ（薄切り）… ½個
にんにく（みじん切り）… 1かけ
スパゲッティ（塩小さじ2を加えた熱湯1ℓでゆで、
　湯をきる）… 100g
スパゲッティのゆで汁 … 大さじ2
レモン汁、ごま油 … 各大さじ1
ナンプラー … 小さじ2

### 作り方

1　厚揚げは何もひかないフライパンで全体を
こんがり焼く。

2　ボウルに1、残りの材料を入れ、さっとあ
える。

あえ　31

## むきえびとピーマンの
## おろしパスタ

高たんぱく・低脂質のえびをごろっと加え、えのきで麺をかさ増し。
大根おろしでさっぱり食べれば、酵素が消化を助けてくれます。

## あさり缶といんげんの
## ナンプラーバターパスタ

鉄やカルシウムが豊富なあさりは、手軽な缶詰を使って。
食物繊維豊かなまいたけは、半量をしめじやえのきにしても。

## あさり缶といんげんの
## ナンプラーバターパスタ

### 材料／2人分

あさり水煮缶 (汁けをきる) … 1缶 (125g)
いんげん (長さを半分に切る) … 12本
まいたけ (ほぐす) … 2パック (200g)
スパゲッティ … 100g

A
| ナンプラー … 小さじ1
| バター … 10g
| 粗びき黒こしょう … 少々

### 作り方

**1** スパゲッティは塩小さじ2を加えた熱湯1ℓ
でゆで、ゆで上がる3分前にいんげん、まい
たけを加えて一緒にゆで、湯をきる。

**2** ボウルに1、あさり缶、Aを入れてさっとあ
え、器に盛って粗びき黒こしょう (分量外) を
ふる。

## むきえびとピーマンの
## おろしパスタ

### 材料／2人分

| むきえび (背ワタを除き、片栗粉をまぶしてもみ洗いする)
|   … 16尾 (150g)
| 片栗粉 … 適量
ピーマン (横1cm幅に切る) … 3個
えのきだけ (ほぐす) … 2袋 (200g)
大根 (すりおろし、半量になるまで水けをきる) … 5cm (200g)
スパゲッティ … 100g
しょうゆ … 大さじ2

### 作り方

**1** スパゲッティは塩小さじ2を加えた熱湯1ℓ
でゆで、ゆで上がる1分30秒前にえび、ピー
マン、えのきを加えて一緒にゆで、湯をきる。

**2** ボウルに1、大根おろし、しょうゆを入れ、
さっとあえる。

あえ 33

### 材料／2人分

桜えび（乾燥）… 大さじ4
トマト（ひと口大に切る）… 1個
きゅうり（小口切りにして塩をまぶし、
　10分おいて水けを絞る）… 2本
塩 … 小さじ½
スパゲッティ（塩小さじ2を加えた熱湯1ℓでゆで、
　冷水で洗って水けをきる）… 100g
A ┃ コチュジャン … 大さじ1½
　┃ ごま油、白すりごま … 各大さじ1
　┃ しょうゆ … 小さじ1
　┃ にんにく（すりおろす）… 小さじ½
パクチー（ざく切り）… 適量

### 作り方

1. ボウルにAを入れて混ぜ、パクチー以外の材料を加えてさっとあえる。器に盛り、パクチーをのせる。

## 桜えびとトマトの韓国風冷製パスタ

コチュジャン入りのピリ辛だれに、桜えびの風味とトマトが好相性。
きゅうりでむくみ予防、トマトのビタミンで免疫力もアップします。

# スモークサーモンと
# サニーレタスの冷製パスタ

山盛りの野菜でサラダ風、レモンだれがさわやかな味わい。
サーモンの抗酸化作用でアンチエイジング、玉ねぎで疲労回復も。

**材料／2人分**

スモークサーモン（食べやすく切る）… 8枚（100g）
サニーレタス（食べやすくちぎり、水にさらして
　水けをきる）… 3枚
玉ねぎ（薄切りにし、水にさらして水けをきる）
　… ½個
カッペリーニ（塩小さじ2を加えた熱湯1ℓでゆで、
　冷水で洗って水けをきる）… 100g
A ｜ レモン汁、オリーブ油 … 各大さじ1
　｜ 塩、にんにく（すりおろす）… 各小さじ½
　｜ こしょう … 少々

**作り方**

1　ボウルにAを入れて混ぜ、残りの材料
　を加えてさっとあえる。

# ミックスビーンズの
# 冷製ヨーグルトマヨパスタ

マヨだれはヨーグルトの酸味で軽やかにしつつ、カロリーダウン。
大豆で作ると、より高たんぱくに。トマトのリコピンでさびない体に。

**材料／2人分**

ミックスビーンズ（ドライパック）… 2袋（100g）
　きゅうり（斜め薄切りにしてせん切りにし、
　　塩をまぶして10分おき、水けを絞る）… 1本
　塩 … 小さじ¼
プチトマト（縦半分に切る）… 6個
レタス（細切り）… 2枚
カッペリーニ（塩小さじ2を加えた熱湯1ℓでゆで、
　冷水で洗って水けをきる）… 100g

A ┃ プレーンヨーグルト … 大さじ4
　 ┃ マヨネーズ … 大さじ2
　 ┃ にんにく（すりおろす）… 小さじ½
　 ┃ 塩 … 小さじ⅓
　 ┃ こしょう … 少々

**作り方**

1. ボウルにAを入れて混ぜ、残りの材料を加えてさっとあえる。

# 2.

## のっけ

## やせパスタ

麺にたっぷりの具材をのせたパスタは、見ためのボリューム感も満点。
火を使うのは麺をゆでる時だけ、お皿の中で混ぜて食べるから、
洗いものも少なくて助かります。卵やツナ、豚肉や鶏肉のたんぱく質に、
野菜やきのこをどっさり加えて、1人分わずか 50g のパスタでも大満足です。

# えのきと水菜の釜玉パスタ

釜玉うどんをパスタにアレンジ。食物繊維豊富なえのきを麺と同化させて、しっかりかさ増し。低糖質の水菜は、生で加えてかみごたえを出します。

### 材料／2人分

市販の温泉卵 … 2個
えのきだけ（ほぐす）… 2袋（200g）
水菜（4cm幅に切る）… 1株（50g）
スパゲッティ … 100g
めんつゆ（3倍濃縮）… 大さじ1
刻みのり … 適量

### 作り方

1 スパゲッティは塩小さじ2を加えた熱湯1ℓでゆで、ゆで上がる1分前にえのきを加えて一緒にゆで、湯をきる。

2 器に1を盛って水菜、温泉卵をのせ、めんつゆをかけ、のりをのせる。

# ツナと豆苗、わかめのしょうゆパスタ

高たんぱくなツナをどっさり使い、わかめで食物繊維とミネラルを補給。
低価格でビタミン豊富な豆苗は2袋加え、さっとゆでて食べやすくします。

**材料／2人分**

ツナ缶（水煮・汁けをきる）
　… 小2缶（140g）
豆苗（長さを半分に切る）… 2袋
カットわかめ（乾燥・
　水につけて戻し、水けを絞る）
　… 大さじ1
スパゲッティ … 100g
A ┃ オリーブ油 … 大さじ1
　 ┃ しょうゆ … 小さじ1

**作り方**

1　スパゲッティは塩小さじ2を加えた熱湯1ℓでゆで、ゆで上がる30秒前に豆苗を加えて一緒にゆで、湯をきる。

2　器に1を盛ってツナ、わかめをのせ、混ぜたAをかける。

# ツナと白菜のなめたけパスタ

白菜は細切りにしてゆで、麺となじませ、ビタミンCで免疫力をアップ。
なめたけのうまみが調味料がわり、足りなければしょうゆをかけて。

### 材料／2人分

ツナ缶（水煮・汁けをきる）… 小2缶（140g）
白菜（7cm長さに切り、細切り）… 3枚
なめたけ（びん詰）… 大さじ4
スパゲッティ … 100g
万能ねぎ（小口切り）… 適量

### 作り方

1 スパゲッティは塩小さじ2を加えた熱湯1ℓでゆで、ゆで上がる3分前に白菜を加えて一緒にゆで、湯をきる。

2 器に1を盛ってツナ、なめたけをのせ、万能ねぎを散らす。

# しらすとブロッコリーの
# めんつゆレモンパスタ

めんつゆ＋レモンのすっきり味のたれが、しらすの塩けと好相性。
高たんぱくのブロッコリーがごろごろ入って、満腹感もしっかりです。

**材料／2人分**

しらす … 大さじ4
ブロッコリー（小房に分ける）… ½株（150g）
フジッリ … 100g

| A | めんつゆ（3倍濃縮）、レモン汁<br>… 各大さじ1 |
|---|---|

**作り方**

**1** フジッリは塩小さじ2を加えた熱湯
1ℓでゆで、ゆで上がる2分前にブロッ
コリーを加えて一緒にゆで、湯をきる。

**2** 器に1を盛ってしらすをのせ、混ぜた
Aをかける。

のっけ 41

# チャーシューともやしの オイスターパスタ

かさ増し要員のダイエット食材・もやしが、
豊かな食物繊維で便秘を改善。
コクのあるオイスター味は、油少なめでも美味。
パクチーは、かいわれにかえてもいいですね。

### 材料／2人分

市販のチャーシュー（薄切り）… 100g
もやし … 1袋（200g）
パクチー（ざく切り）… 2株（20g）
スパゲッティ … 100g
A｜オイスターソース、ごま油 … 各小さじ2
白いりごま … 適量

### 作り方

1 スパゲッティは塩小さじ2を加えた熱湯1ℓでゆで、ゆで上がる1分前にもやしを加えて一緒にゆで、湯をきる。

2 器に1を盛ってチャーシュー、パクチーをのせ、混ぜたAをかけ、いりごまをふる。

### 材料／2人分

絹ごし豆腐（キッチンペーパーで水けをふく）
　… 2/3丁（200g）
A ｜ 塩昆布 … 大さじ2
　｜ ごま油 … 大さじ1
　｜ 塩 … 小さじ1/4
ちりめんじゃこ … 大さじ3
豆苗（長さを3等分に切る）… 1袋
スパゲッティ（塩小さじ2を加えた熱湯1ℓでゆで、湯をきる）… 100g

### 作り方

1. ボウルに豆腐を入れてスプーンでつぶし、Aを加えて混ぜ、じゃこ、豆苗を加えてさっとあえる。
2. 器にスパゲッティを盛り、1をのせる。

# じゃこと豆苗の豆腐塩昆布あえパスタ

つぶした豆腐がソースがわり、塩昆布のうまみがぎっしりです。
豆苗は生でかみごたえをアップ。じゃこでカルシウムも補給できます。

# ひらひら大根の明太豆乳クリームパスタ

明太クリームは、豆乳で大幅にカロリーダウン。大根はピーラーで薄切りにし、麺と同化させるのがミソ。消化酵素の働きで、胃もたれや胸やけも防ぎます。

### 材料／2人分

A
- 明太子（薄皮を除く）… 1本（40g）
- 豆乳（成分無調整のもの）… 大さじ2
- 塩 … 少々

大根（ピーラーで薄切り）
　… 12cm長さを縦⅓本分（150g）
スパゲッティ … 100g
万能ねぎ（小口切り）… 適量

### 作り方

1 スパゲッティは塩小さじ2を加えた熱湯1ℓでゆで、ゆで上がる30秒前に大根を加えて一緒にゆで、湯をきる。

2 器に1を盛って混ぜたAをのせ、万能ねぎを散らす。

# 納豆キムチとにらのパスタ

発酵食品どうしの最強コンビは、腸内環境を整え、脂質代謝をアップ。
スタミナ野菜のにらは、麺とゆでれば香りがうつってよりおいしく。

**材料／2人分**

納豆（混ぜる）… 2パック（80g）
白菜キムチ（ざく切り）… 50g
にら（5cm幅に切る）… 2束（200g）
スパゲッティ … 100g
A │ ごま油 … 大さじ1
　 │ しょうゆ … 小さじ2

**作り方**

1 スパゲッティは塩小さじ2を加えた熱湯1ℓでゆで、ゆで上がる1分前ににらを加えて一緒にゆで、湯をきる。

2 器に1を盛って納豆、キムチをのせ、混ぜたAをかける。

### 材料／2人分

市販の温泉卵 … 2個
春菊（5cm幅に切り、茎は縦半分に切る）
　… 1束（200g）
大根（すりおろし、半量になるまで水けをきる）
　… 5cm（200g）
スパゲッティ … 100g
A ┃ めんつゆ（3倍濃縮）… 大さじ1½
　 ┃ ごま油 … 大さじ1
刻みのり … 適量

### 作り方

1　スパゲッティは塩小さじ2を加えた熱湯1ℓでゆで、ゆで上がる30秒前に春菊を加えて一緒にゆで、湯をきる。

2　器に1を盛って大根おろし、温泉卵をのせ、混ぜたAをかけ、のりを散らす。

# 温玉と春菊のおろしパスタ

定番の温玉＆めんつゆに、ビタミン豊富な春菊のほろ苦さがアクセント。
おろしは、水けをきると少ない調味料でOK。温玉がなければ、卵黄でも。

# 桜えびとトマトのおろしポン酢パスタ

低カロリーで麺そっくりのもやしで量を底上げし、ビタミンCも強化。
トマトでよりさっぱりさせたおろしポン酢は、リコピンで抗酸化作用も。

**材料／2人分**

桜えび（乾燥）… 大さじ4
トマト（小さめのひと口大に切る）… 1個
大根（すりおろし、半量になるまで
　　水けをきる）… 5cm（200g）
もやし … 1袋（200g）
スパゲッティ … 100g
A｜ポン酢じょうゆ、オリーブ油
　｜… 各大さじ1

**作り方**

1　スパゲッティは塩小さじ2を加えた
　熱湯1ℓでゆで、ゆで上がる1分前に
　もやしを加えて一緒にゆで、湯をきる。

2　器に1を盛って大根おろし、トマト、桜
　えびをのせ、混ぜたAをかける。

のっけ 47

# 鮭フレークとキャベツの
# 温玉めんつゆパスタ

鮭フレークで手軽にたんぱく質を補給。
かわりにツナやさば缶、ちくわでも。
せん切りキャベツは麺と一緒につるつる食べられ、
食物繊維でお腹がすっきりします。

**材料／2人分**

市販の温泉卵 … 2個
鮭フレーク … 大さじ4
キャベツ（せん切り）… 2枚
スパゲッティ（塩小さじ2を加えた
　熱湯1ℓでゆで、湯をきる）… 100g
A ┃ めんつゆ（3倍濃縮）、オリーブ油
　 ┃ … 各小さじ2

**作り方**

**1** 器にスパゲッティを盛り、キャベツ、鮭フレーク、温泉卵をのせ、混ぜたAをかける。

## 材料／2人分

鶏ささみ（筋を除く）… 3本（180g）
A ｜ 酒 … 小さじ2
　｜ 塩 … 小さじ¼
ブロッコリー（小房に分ける）… ⅓株（100g）
ごぼう（斜め薄切りにし、水にさらす）… 1本（100g）
スパゲッティ … 100g
B ｜ オリーブ油 … 大さじ1
　｜ しょうゆ … 小さじ1
ゆずこしょう … 小さじ⅔

## 作り方

1. ささみは耐熱皿にのせてAをからめ、ラップをふんわりかけて電子レンジで1分、裏返して1分加熱し、粗熱がとれたら食べやすくほぐす。

2. スパゲッティは塩小さじ2を加えた熱湯1ℓでゆで、ゆで上がる2分前にブロッコリー、ごぼうを加えて一緒にゆで、湯をきる。器に盛って1をのせ、混ぜたBをかけ、ゆずこしょうを添える。

# ささみとブロッコリーのゆずこしょうパスタ

高たんぱくコンビのささみ＆ブロッコリーに、ゆずこしょうをピリッときかせて。
ごぼうは不溶性・水溶性食物繊維をバランスよく含み、腸活におすすめです。

# 豚しゃぶともやしの梅わさびパスタ

さっぱり豚しゃぶに梅の酸味を合わせ、ちらっとわさびがアクセント。
ゆでたもやしで麺をかさ増しし、かいわれものせれば、食べごたえ満点です。

### 材料／2人分

豚ロース肉（しゃぶしゃぶ用）… 150g
もやし … 1袋（200g）
かいわれ（長さを半分に切る）… 1パック
スパゲッティ … 100g

A
- 梅干し（種を除き、たたく）… 2個
- ごま油 … 大さじ1
- 酢 … 小さじ1
- おろしわさび … 小さじ1/2

### 作り方

**1** スパゲッティは塩小さじ2を加えた熱湯1ℓでゆで、ゆで上がる1分前に豚肉、もやしを加えて一緒にゆで、湯をきる。

**2** 器に1を盛ってかいわれをのせ、混ぜたAをかける。

# ゆで鶏となすのピリ辛パスタ

高たんぱく・低脂質の鶏むね肉は、粉をまぶしてゆでてしっとり食感に。
香味野菜たっぷりのピリ辛だれに、低糖質のなすも加えて満足感アップ。

### 材料／2人分

| | |
|---|---|
| 鶏むね肉（皮を除いてひと口大のそぎ切りにし、片栗粉を薄くまぶす）… 1枚（250g） | |
| 片栗粉 … 適量 | |
| なす（薄い輪切りにして水にさらし、塩をまぶして10分おき、水けを絞る）… 2本 | |
| 塩 … 小さじ¼ | |
| 長ねぎ（5mm幅の斜め切り）… 1本 | |
| スパゲッティ … 100g | |

A
- しょうゆ、黒酢（または酢）… 各大さじ1
- ごま油、しょうが（すりおろす） … 各小さじ1
- にんにく（すりおろす）… 小さじ½

ラー油 … 適量

### 作り方

**1** スパゲッティは塩小さじ2を加えた熱湯1ℓでゆで、ゆで上がる30秒前に長ねぎを加えて一緒にゆで、取り出す。続けて鶏肉を2分ゆで、湯をきる。

**2** 器に1を盛ってなすをのせ、混ぜたAをかける。

# さば缶ときのこの冷製梅パスタ

さば缶の豊富なたんぱく質に、どっさりのきのこで免疫力アップ、
腸内環境を整えます。ノンオイルのさっぱり梅だれでカロリーもオフ。

### 材料／2人分

さば水煮缶（汁けをきる）… 1缶（200g）
しめじ（ほぐす）… 2パック（200g）
えのきだけ（ほぐす）… 2袋（200g）
カッペリーニ … 100g
梅干し（種を除き、たたく）… 2個
青じそ（ちぎる）… 3枚
めんつゆ（3倍濃縮）… 小さじ2

### 作り方

1. カッペリーニは塩小さじ2を加えた熱湯1ℓでゆで、ゆで上がる1分前にきのこを加えて一緒にゆで、冷水で洗って水けをきる。

2. 器に1を盛ってさば缶、梅干し、青じそをのせ、めんつゆをかける。

# 3.

## さっと炒め
## やせパスタ

ペペロンチーノにトマトソース、ナポリタン…人気のパスタが勢ぞろい。
具材を大きめに切って、ボリューム感を出すのがいちばんのコツです。
火通りに時間がかかる野菜は麺と一緒にゆでれば、あとは混ぜるだけでOK。
さっと火が入る野菜は仕上げに加え、食感を残すと食べごたえが出ます。

# しらすとキャベツ、しめじのペペロンチーノ

食物繊維豊富なキャベツとしめじがどっさりで、食べごたえ十分。
キャベツは、大きめに切るのがコツ。しらすでカルシウムも補給できます。

### 材料／2人分

しらす … 大さじ4
キャベツ（4cm角に切る）… 3枚
しめじ（ほぐす）… 2パック（200g）
A｜にんにく（みじん切り）… 2かけ
　｜赤唐辛子（小口切り）… 1本
スパゲッティ（塩小さじ2を加えた熱湯1ℓで
1分短くゆで、湯をきる）… 100g
B｜スパゲッティのゆで汁 … 大さじ3
　｜塩 … 小さじ¼
　｜こしょう … 少々
オリーブ油 … 大さじ1

### 作り方

1. フライパンにオリーブ油、Aを入れて弱火にかけ、香りが出たらキャベツ、しめじを加え、中火でしんなりするまで炒める。

2. しらす、スパゲッティ、Bを加え、さっと炒める。

# どっさりきのこのペペロンチーノ

低糖質・低カロリーのきのこづくしで、うまみぎっしり、免疫力もアップ。
きのこは数種類入れると、複雑な味わいに。しめじでも、かさ増し効果大。

**材料／2人分**

エリンギ（縦横半分に切り、5mm幅に切る）
　… 2パック（200g）
まいたけ（ほぐす）… 2パック（200g）
A｜にんにく（みじん切り）… 2かけ
　｜赤唐辛子（小口切り）… 1本
スパゲッティ（塩小さじ2を加えた熱湯1ℓで
　1分短くゆで、湯をきる）… 100g
B｜スパゲッティのゆで汁 … 大さじ3
　｜塩 … 小さじ¼
オリーブ油 … 大さじ1

**作り方**

1　フライパンにオリーブ油、Aを入れて弱火にかけ、香りが出たらきのこを加え、中火でしんなりするまで炒める。

2　スパゲッティ、Bを加え、さっと炒める。

# しらすとえのきの高菜パスタ

麺そっくりで低糖質・低カロリーのえのきを、2袋加えて大増量。
発酵食品の高菜漬けが、腸内環境を改善。白菜やキャベツ、もやしを加えても。

**材料／2人分**

しらす … 大さじ4
えのきだけ（ほぐす）… 2袋（200g）
高菜漬け（ざく切り）… 50g
A｜にんにく（みじん切り）… 1かけ
　｜赤唐辛子（小口切り）… 1本
スパゲッティ（塩小さじ2を加えた熱湯1ℓで
　1分短くゆで、湯をきる）… 100g
B｜スパゲッティのゆで汁 … 大さじ3
　｜しょうゆ、みりん … 各小さじ1
ごま油 … 大さじ1

**作り方**

1 フライパンにごま油、Aを入れて弱火にかけ、香りが出たらしらす、えのき、高菜を加え、中火でしんなりするまで炒める。

2 スパゲッティ、Bを加え、さっと炒める。

# しらすとトマトのバターじょうゆパスタ

バターじょうゆの香ばしさに、トマトの酸味で軽やかさを加えて。
さっと炒めた水菜の歯ごたえで、少なめのバターでも満足感十分です。

**材料／2人分**

しらす … 大さじ4
トマト(ひと口大に切る) … 1個
水菜(5cm幅に切る) … ½束(100g)
スパゲッティ(塩小さじ2を加えた熱湯1ℓで
　1分短くゆで、湯をきる) … 100g
A ┃スパゲッティのゆで汁
　 ┃　… 大さじ3
　 ┃しょうゆ … 大さじ½
バター … 10g

**作り方**

1　フライパンにバターを溶かし、しらす、トマトを中火でさっと炒め、水菜、スパゲッティ、Aを加えてさっと炒める。

さっと炒め 57

# ツナとブロッコリーのレモン豆乳クリームパスタ

クリームソースは、豆乳でカロリーオフ&たんぱく質を強化。
同じく高たんぱくのツナは汁ごと加え、うまみたっぷりに仕上げます。

### 材料／2人分

ツナ缶 (水煮) … 小2缶 (140g)
ブロッコリー (小房に分ける) … ½株 (150g)
スパゲッティ … 100g

A
豆乳 (成分無調整のもの) … 1カップ
レモン汁 … 大さじ1½
塩 … 小さじ¼
こしょう … 少々

### 作り方

**1** スパゲッティは塩小さじ2を加えた熱湯1ℓで1分短くゆで、ゆで上がる2分前にブロッコリーを加えて一緒にゆで、湯をきる。

**2** フライパンにツナ (汁ごと)、Aを入れて火にかけ、煮立つ直前に火を止め、1を加えてさっとからめる。

# ツナとほうれんそうの
# トマトクリームパスタ

生クリームは、牛乳に置き換えてカロリーカット。ツナのコクで減塩効果も。
ほうれんそう&セロリの抗酸化作用は、美肌にも働きかけます。

### 材料／2人分

ツナ缶（水煮）… 小2缶（140g）
ほうれんそう（5cm幅に切る）… 1束（200g）
セロリ（筋を除き、5mm幅の斜め切り）… 1本
にんにく（つぶす）… 1かけ
フジッリ … 100g
A ｜ ホールトマト缶 … ½缶（200g）
　｜ 水 … ½カップ
　｜ 塩 … 小さじ¼
　｜ こしょう … 少々
牛乳 … ½カップ
オリーブ油 … 大さじ1

### 作り方

**1** フジッリは塩小さじ2を加えた熱湯1ℓで1分短くゆで、ゆで上がる30秒前にほうれんそうを加えて一緒にゆで、湯をきる。

**2** フライパンにオリーブ油、にんにくを入れて弱火にかけ、香りが出たらセロリを加え、中火でしんなりするまで炒める。Aを加えてトマトをつぶし、ツナを汁ごと加え、煮立ったら弱火で7〜8分煮、とろみがついたら1、牛乳を加えてさっと煮る。

# ウインナーとピーマンのナポリタン

どっさりの野菜は細く切り、麺と一体化を。ピーマンのトップクラスのビタミンCで、美肌効果も。麺をやわらかめにし、ケチャップは煮詰めて甘みを引き出すのがコツ。

**材料／2人分**

A
- ウインナー（1cm幅の斜め切り）… 4本
- ピーマン（細切り）… 3個
- 玉ねぎ（5mm幅に切る）… ½個
- にんじん（細切り）… ¼本

スパゲッティ（塩小さじ2を加えた熱湯1ℓでゆで、湯をきる）… 100g

B
- ケチャップ … 大さじ4
- スパゲッティのゆで汁 … 大さじ3

オリーブ油 … 大さじ1
粉チーズ … 適量

**作り方**

1 フライパンにオリーブ油を熱し、Aを中火でしんなりするまで炒める。

2 Bを加えて煮立たせ、スパゲッティを加えてさっとからめ、器に盛ってチーズをふる。

＊好みでタバスコをふっても

# ウインナーとなすのアラビアータ

なすは抗酸化作用が高い皮ごと厚めに切り、存在感を出します。
少なめの油でも、トマトソースで煮込めば、とろっと濃厚な味わいに。

**材料／2人分**

- ウインナー（1cm幅の斜め切り）… 4本
- なす（1cm幅の輪切りにし、水にさらして水けをきる）… 2本
- いんげん（長さを3等分に切る）… 8本
- A
  - にんにく（みじん切り）… 1かけ
  - 赤唐辛子（小口切り）… 1本
- スパゲッティ（塩小さじ2を加えた熱湯1ℓで1分短くゆで、湯をきる）… 100g
- B
  - ホールトマト缶 … 1缶（400g）
  - 水 … ½カップ
  - 塩 … 小さじ½
  - こしょう … 少々
- オリーブ油 … 大さじ1

**作り方**

1. フライパンにオリーブ油、Aを入れて弱火にかけ、香りが出たらウインナー、なす、いんげんを加え、中火で油が回るまで炒める。

2. Bを加えてトマトをつぶし、煮立ったら弱火で7〜8分煮、とろみがついたらスパゲッティを加えてさっとからめる。

## どっさりきのこのトマトソース

食物繊維豊富なダイエット食材・きのこは、2種類で奥深い味わいに。
糖質多めの玉ねぎは少量にしつつしっかり炒め、ソースに甘みを加えます。

### 材料／2人分

しめじ（ほぐす）… 1パック（100g）
マッシュルーム（5mm幅に切る）… 6個
玉ねぎ（薄切り）… 1/2個
にんにく（みじん切り）… 1かけ
スパゲッティ（塩小さじ2を加えた熱湯1ℓで
　1分短くゆで、湯をきる）… 100g
A｜ホールトマト缶 … 1缶（400g）
　｜水 … 1/2カップ
　｜塩 … 小さじ2/3
　｜こしょう … 少々
オリーブ油 … 大さじ1

### 作り方

1　フライパンにオリーブ油、にんにくを入れて弱火にかけ、香りが出たらきのこ、玉ねぎを加え、中火でしんなりするまで炒める。

2　Aを加えてトマトをつぶし、煮立ったら弱火で7〜8分煮、とろみがついたらスパゲッティを加えてさっとからめる。

# ベーコンとなすのしょうゆパスタ

ベーコンのコクを吸った絶品なすを、香ばしいしょうゆ味パスタに。
オクラのネバネバ成分＝水溶性食物繊維が、血糖値の上昇を抑えます。

### 材料／2人分

- ベーコン（1cm幅に切る）… 4枚
- なす（縦半分に切って1cm幅の斜め切りにし、水にさらして水けをきる）… 2本
- オクラ（ガクをくるりとむき、1cm幅の斜め切り）… 8本
- スパゲッティ（塩小さじ2を加えた熱湯1ℓで1分短くゆで、湯をきる）… 100g
- A　スパゲッティのゆで汁 … 大さじ3
　　しょうゆ … 小さじ1
- サラダ油 … 大さじ1

### 作り方

**1** フライパンにサラダ油を熱し、ベーコン、なす、オクラを中火で炒め、しんなりしたらスパゲッティ、Aを加えてさっと炒める。

# 鶏むね肉とカリフラワーの<br>カレークリームパスタ

高たんぱくの鶏むね肉＆低糖質のカリフラワーも、カレー味にすることで食べごたえ満点に。生クリームは牛乳で割り、大幅にカロリーダウン。

### 材料／2人分

鶏むね肉（皮を除いてひと口大のそぎ切りにし、Aをふる）… 1枚（250g）

A｜塩 … 小さじ¼
　｜こしょう … 少々

カリフラワー（小房に分ける）… ½株（正味150g）

ペンネ … 100g

B｜生クリーム … ½カップ
　｜牛乳 … ¼カップ
　｜カレー粉 … 小さじ1
　｜塩 … 小さじ¼
　｜こしょう … 少々

オリーブ油 … 大さじ½

### 作り方

**1** ペンネは塩小さじ2を加えた熱湯1ℓで1分短くゆで、ゆで上がる2分前にカリフラワーを加えて一緒にゆで、湯をきる。

**2** フライパンにオリーブ油を熱し、鶏肉を中火で片面1分ずつ色が変わるまで焼き、Bを加えて煮立ったら1分煮詰め、1を加えてさっとからめる。

# 鶏もも肉と小松菜のピリ辛ザーサイパスタ

鶏肉は香ばしく焼き、大きめに切ったザーサイと合わせてうまみ出し。
小松菜の豊富なβ-カロテンとカルシウムで、免疫力アップと骨も強化。

### 材料／2人分

- 鶏もも肉（皮を除いて3cm角に切り、塩をふる）
    … 1枚（300g）
- 塩 … 小さじ¼
- A
    - 小松菜（5cm幅に切る）… 1束（200g）
    - 長ねぎ（5mm幅の小口切り）… ½本
    - 味つきザーサイ（びん詰・ざく切り）
        … ⅓びん弱（30g）
    - 赤唐辛子（半分にちぎり、種を除く）
        … 1本
- スパゲッティ（塩小さじ2を加えた熱湯1ℓで
    1分短くゆで、湯をきる）… 100g
- B
    - スパゲッティのゆで汁 … 大さじ3
    - しょうゆ … 小さじ1
- ごま油 … 大さじ1

### 作り方

1. フライパンにごま油を熱し、鶏肉を中火で焼き、こんがりしたら裏返して弱火で2分焼いて火を通す。Aを加え、中火でしんなりするまで炒める。
2. スパゲッティ、Bを加え、さっと炒める。

さっと炒め 65

# 鶏もも肉と大根のガーリックバターパスタ

コクのある鶏もも肉をガリバタ炒めにして、パンチのある味にしました。
大根は、こんがり焼いて香ばしく。かいわれのビタミンCで美肌効果も。

### 材料／2人分

鶏もも肉（皮を除いて3cm角に切り、**A**をふる）
　… 1枚（300g）

**A** ┃ 塩 … 小さじ¼
　　┃ こしょう … 少々

大根（5mm幅のいちょう切り）… 8cm（300g）
かいわれ（根元を切る）… 1パック
スパゲッティ（塩小さじ2を加えた熱湯1ℓで
　1分短くゆで、湯をきる）… 100g

**B** ┃ スパゲッティのゆで汁 … 大さじ3
　　┃ しょうゆ、みりん … 各大さじ½
　　┃ にんにく（すりおろす）… 小さじ1
　　┃ バター … 10g

サラダ油 … 大さじ½

### 作り方

1. フライパンにサラダ油を熱し、鶏肉を中火で焼き、こんがりしたら裏返して脇に大根を加え、3分炒めて火を通す。

2. スパゲッティ、かいわれ、**B**を加え、さっと炒める。

POSTCARD

おそれいりますが
切手をお貼りください

**104-8357**

東京都中央区京橋3-5-7
(株)主婦と生活社 料理編集
「野菜どっさり
やせパスタ100」係行

ご住所
〒  －

お電話　（　　　）

お名前（フリガナ）

　　　　　　　　　　　　　　　　　男・女　年齢（　　）歳

ご職業　1 主婦　2 会社員　3 自営業　4 学生　5 その他（　　）

未婚・既婚　（　　）年　家族構成（年齢）

「野菜どっさり やせパスタ100」はいかがでしたか？
今後の企画の参考にさせていただくため、
アンケートにご協力ください。

※お答えいただいた方、先着1000名様の中から抽選で20名様に、
小社刊行物（料理本）をプレゼントいたします
（刊行物の指定はできませんので、ご了承ください）。
当選者の発表は、賞品の発送をもってかえさせていただきます。

Q1　この本を購入された理由は何ですか？

Q2　この本の中で「作り」たいと思った料理を3つお書きください。
（　　　　　）ページの（　　　　　　　　　）
（　　　　　）ページの（　　　　　　　　　）
（　　　　　）ページの（　　　　　　　　　）

Q3　この本の表紙・内容・ページ数・価格のバランスはいかがですか？

Q4　あなたが好きな料理研究家と、その理由を教えてください。

Q5　この本についてのご意見、ご感想をお聞かせください。

※ご協力ありがとうございました※

### 材料／2人分

- 豚バラ薄切り肉（ひと口大に切る）… 5枚（100g）
- 白菜キムチ（ざく切り）… 100g
- ピーマン（乱切り）… 2個
- もやし … 1袋（200g）
- スパゲッティ（塩小さじ2を加えた熱湯1ℓで1分短くゆで、湯をきる）… 100g
- A │ スパゲッティのゆで汁 … 大さじ3
    │ しょうゆ … 小さじ½

### 作り方

1. フライパンを何もひかずに熱し、豚肉を中火で炒め、色が変わったらキムチ、ピーマン、もやしを加え、しんなりするまで炒める。
2. スパゲッティ、Aを加え、さっと炒める。

# 豚キムチとピーマンのパスタ

豚バラ肉は少量でカロリーを控えつつも、コク出し役を。
もやしは麺に同化させてかさ増し、発酵食品のキムチで腸内をきれいに。

# 豚こま肉とチンゲンサイのピリ辛オイスターパスタ

手軽なこま切れ肉で作る中華風。チンゲンサイのビタミンで、免疫力アップ。たけのこの食物繊維でお腹すっきり、カリウムがむくみを予防します。

### 材料／2人分

豚こま切れ肉（ひと口大に切り、Aをふる）… 150g
A｜塩、こしょう … 各少々
チンゲンサイ（長さを3等分に切り、茎は1cm幅のくし形切り）… 2株
ゆでたけのこ（長さを3等分に切り、1cm幅のくし形切り）… 1/2本（100g）
スパゲッティ … 100g
B｜スパゲッティのゆで汁 … 大さじ3
　｜オイスターソース、しょうゆ … 各大さじ1/2
　｜ラー油 … 少々
ごま油 … 大さじ1

### 作り方

1　スパゲッティは塩小さじ2を加えた熱湯1ℓで1分短くゆで、ゆで上がる1分前にチンゲンサイの茎、30秒前に葉を加えて一緒にゆで、湯をきる。

2　フライパンにごま油を熱し、豚肉を中火で炒め、色が変わったらたけのこを加えてさっと炒め、1、Bを加えてさっと炒める。

# 鶏ひき肉とアスパラの
# ゆずこしょうパスタ

高たんぱくの鶏ひき肉のうまみに、ピリッとゆずこしょうをきかせました。
アスパラは大きめに切って食べごたえを出し、アスパラギン酸で疲労回復も。

### 材料／2人分

鶏ひき肉 … 200g
グリーンアスパラ（下のかたい皮をむき、
　1cm幅の斜め切り）… 6本
長ねぎ（5mm幅の斜め切り）… 1本
スパゲッティ（塩小さじ2を加えた熱湯1ℓで
　1分短くゆで、湯をきる）… 100g
A ┃ スパゲッティのゆで汁 … 大さじ3
　 ┃ しょうゆ … 小さじ1
　 ┃ ゆずこしょう … 小さじ½
サラダ油 … 大さじ1

### 作り方

**1** フライパンにサラダ油を熱し、ひき肉を中火で炒め、色が変わってパラパラになったらアスパラ、長ねぎを加え、しんなりするまで炒める。

**2** スパゲッティ、混ぜたAを加え、さっと炒める。

**材料／2人分**

鶏ひき肉 … 200g
水菜 (5cm幅に切る) … ½束 (100g)
しょうが (みじん切り) … 2かけ
スパゲッティ (塩小さじ2を加えた熱湯1ℓで
　1分短くゆで、湯をきる) … 100g

A ┤ スパゲッティのゆで汁
　　　… 大さじ3
　　しょうゆ … 小さじ2
　　カレー粉 … 小さじ1

オリーブ油 … 大さじ1

**作り方**

**1** フライパンにオリーブ油、しょうがを
入れて弱火にかけ、香りが出たらひき
肉を加え、中火で色が変わってパラパ
ラになるまで炒める。

**2** 水菜、スパゲッティ、Aを加え、さっと
炒める。

# 鶏ひき肉と水菜のカレーパスタ

カレー味で炒めれば、食物繊維豊富などっさりの水菜もペロリ。
鶏ひき肉でたんぱく質しっかり、しょうがでからだ温め効果もあります。

# 鶏ひき肉と春菊のアンチョビパスタ

低糖質でβ-カロテン含有量トップの春菊で、免疫力アップと肌改善。
エリンギはごろっと切ってかさ倍増。アンチョビのうまみでシンプル塩味に。

**材料／2人分**

鶏ひき肉 … 150g
春菊 (5cm幅に切る) … 1束 (200g)
エリンギ (長さを半分に切り、
　　　縦4〜6等分に切る) … 2パック (200g)
アンチョビ (フィレ) … 6枚 (20g)
スパゲッティ (塩小さじ2を加えた熱湯1ℓで
　　　1分短くゆで、湯をきる) … 100g
A│スパゲッティのゆで汁 … 大さじ3
　│塩、こしょう … 各少々
オリーブ油 … 大さじ1

**作り方**

1　フライパンにオリーブ油、アンチョビを入れてつぶしながら弱火にかけ、油になじんだらひき肉を加え、中火で色が変わってパラパラになるまで炒める。春菊、エリンギを加え、しんなりするまで炒める。

2　スパゲッティ、Aを加え、さっと炒める。

# 豚ひき肉と納豆のしょうがみそパスタ

納豆とみそ、ダブルの発酵食品で腸活。低糖質・低カロリーの白菜は、細く切って麺に変身させつつ、豊かな食物繊維が腸内をすっきりさせます。

### 材料／2人分

豚ひき肉 … 100g
納豆（混ぜる）… 2パック（80g）
白菜（7cm長さに切り、細切り）… 3枚
しょうが（みじん切り）… 2かけ
スパゲッティ … 100g
A ┃ スパゲッティのゆで汁 … 大さじ3
　 ┃ みそ … 大さじ½
サラダ油 … 大さじ1

### 作り方

1. スパゲッティは塩小さじ2を加えた熱湯1ℓで1分短くゆで、ゆで上がる1分30秒前に白菜を加えて一緒にゆで、湯をきる。

2. フライパンにサラダ油、しょうがを入れて弱火にかけ、香りが出たらひき肉を加え、中火で色が変わってパラパラになるまで炒める。納豆、1、混ぜたAを加え、さっと炒める。

# なすとモッツァレラのミートソース

なす3本を厚めに切り、ボリューミーに。皮の部分に抗酸化作用があり、アンチエイジング効果が。チーズのコクを加えれば、腹もちも抜群です。

## 材料／2人分

合びき肉 … 150g
なす（1cm幅の輪切りにし、水にさらして水けをきる）
　… 3本
玉ねぎ（粗みじん切り）… ½個
にんにく（みじん切り）… 1かけ
モッツァレラチーズ（ちぎる）… ½個（50g）
スパゲッティ（塩小さじ2を加えた熱湯1ℓで
　1分短くゆで、湯をきる）… 100g
A ｜ ホールトマト缶 … 1缶（400g）
　｜ 水 … ½カップ
　｜ 塩 … 小さじ½
　｜ こしょう … 少々
オリーブ油 … 大さじ1

## 作り方

1　フライパンにオリーブ油、にんにくを入れて弱火にかけ、香りが出たらひき肉を加え、中火で色が変わってパラパラになるまで炒める。なす、玉ねぎを加え、しんなりするまで炒める。

2　Aを加えてトマトをつぶし、煮立ったら弱火で7～8分煮、とろみがついたらチーズ、スパゲッティを加えてさっとからめる。

さっと炒め　73

# サルシッチャとキャベツの
# ガーリックパスタ

イタリアの本格ソーセージを、ドライハーブと塩こしょうで手軽にアレンジ。
キャベツは細切りで麺となじませ、豊富なビタミンCで美容効果も。

### 材料／2人分

A ┃ 豚ひき肉 … 150g
　 ┃ ローズマリー（ドライ・またはタイム、オレガノなど）、塩 … 各小さじ¼
　 ┃ 粗びき黒こしょう … 少々

キャベツ（横1cm幅に切る）… 4枚
玉ねぎ（粗みじん切り）… ½個
にんにく（みじん切り）… 1かけ
スパゲッティ … 100g

B ┃ スパゲッティのゆで汁 … 大さじ3
　 ┃ 塩 … 小さじ¼

オリーブ油 … 大さじ1

### 作り方

**1** スパゲッティは塩小さじ2を加えた熱湯1ℓで1分短くゆで、ゆで上がる1分前にキャベツを加えて一緒にゆで、湯をきる。

**2** ボウルにAを入れて手でさっと練り混ぜ、オリーブ油を熱したフライパンに広げ、中火で両面をこんがり焼いて大きめにほぐす。玉ねぎ、にんにくを加えてしんなりするまで炒め、1、Bを加えてさっと炒める。

# ブロッコリーとプチトマトのボンゴレ

高たんぱく&低脂質のあさりが、肝臓の働きをサポート、貧血も予防。
低糖質でビタミンの宝庫・ブロッコリーに、トマトのうまみも加えます。

## 材料／2人分

あさり（砂抜きしたもの）… 1パック（200g）＊
ブロッコリー（小房に分ける）… ½株（150g）
プチトマト（縦半分に切る）… 8個
にんにく（みじん切り）… 1かけ
スパゲッティ … 100g
白ワイン … 大さじ4
A｜スパゲッティのゆで汁 … 大さじ3
　｜塩、こしょう … 各少々
オリーブ油 … 大さじ1

＊あさりの砂出しのしかたは、塩水（水1カップ＋塩小さじ1）にあさりを入れ、アルミホイルをかぶせて冷蔵室にひと晩おく

## 作り方

1. スパゲッティは塩小さじ2を加えた熱湯1ℓで1分短くゆで、ゆで上がる1分前にブロッコリーを加えて一緒にゆで、湯をきる。

2. フライパンにオリーブ油、にんにくを入れて弱火にかけ、香りが出たらあさり、プチトマト、白ワインを加え、ふたをして中火であさりの口が開くまで蒸し煮にする。1、Aを加え、さっと炒める。

# 鮭とわかめのザーサイパスタ

良質なたんぱく質を含む鮭は、強い抗酸化作用で美肌効果と老化防止を。
低糖質のズッキーニは、かさ増しに最適。ザーサイのうまみが広がります。

### 材料／2人分

生鮭の切り身（ひと口大のそぎ切り）
　… 2枚（180g）
カットわかめ（乾燥・水につけて戻し、
　水けを絞る）… 大さじ2
ズッキーニ（5mm幅の半月切り）… 1本
味つきザーサイ（びん詰・ざく切り）
　… 1/5びん（20g）
スパゲッティ（塩小さじ2を加えた熱湯1ℓで
　1分短くゆで、湯をきる）… 100g
A ｜ スパゲッティのゆで汁 … 大さじ3
　｜ 白いりごま … 小さじ2
　｜ 塩 … 小さじ1/4
　｜ こしょう … 少々
ごま油 … 大さじ1

### 作り方

**1** フライパンにごま油を熱し、鮭を中火で焼き、こんがりしたら裏返して脇にズッキーニを加えてしんなりするまで炒め、わかめ、ザーサイを加えてさっと炒める。

**2** スパゲッティ、Aを加え、さっと炒める。

#### 材料／2人分

生鮭の切り身（小さめのそぎ切りにし、Aをふる）… 2枚（180g）
A ｜ 塩 … 小さじ¼
　｜ こしょう … 少々
ほうれんそう（5cm幅に切る）… 1束（200g）
生しいたけ（5mm幅に切る）… 6枚
スパゲッティ … 100g
B ｜ 生クリーム、牛乳 … 各½カップ
　｜ 塩 … 小さじ½
　｜ こしょう … 少々
オリーブ油 … 大さじ½

#### 作り方

1. スパゲッティは塩小さじ2を加えた熱湯1ℓで1分短くゆで、ゆで上がる1分前にほうれんそうを加えて一緒にゆで、湯をきる。
2. フライパンにオリーブ油を熱し、鮭を中火で焼き、こんがりしたら裏返して脇にしいたけを加え、しんなりするまで炒める。Bを加え、煮立ったら2分煮詰め、1を加えてさっとからめる。

# 鮭とほうれんそうのクリームパスタ

ビタミン豊富なほうれんそうと、鮭の抗酸化作用でさびないからだに。
生クリームは半量を牛乳に置き換え、コクを出しつつカロリーダウン。

さっと炒め 77

# いかとかぶのたらこ豆乳クリームパスタ

高たんぱく・低脂質のいかと、豆乳でたんぱく質を強化したたらこスパゲッティ。かぶはβ-カロテンとビタミンC豊富な葉も加え、栄養価を高めます。

### 材料／2人分

冷凍カットいか（塩少々を加えた水につけて解凍する）… 150g*
かぶ（皮をむき、縦半分に切って5mm幅に切る）… 2個（160g）
かぶの葉（3cm幅に切る）… 2個分（80g）
スパゲッティ（塩小さじ2を加えた熱湯1ℓで1分短くゆで、湯をきる）… 100g

A ｜ たらこ（薄皮を除く）… 1本（40g）
　｜ 豆乳（成分無調整のもの）… 1カップ
　｜ 塩 … 小さじ¼
　｜ こしょう … 少々

オリーブ油 … 大さじ1
刻みのり … 適量

＊カットしていない場合、3cm角に切る

### 作り方

1　フライパンにオリーブ油を熱し、いか、かぶ、かぶの葉を中火で炒め、しんなりしたらAを加えて沸騰直前まで温め、スパゲッティを加えてさっとからめる。器に盛り、のりをのせる。

# 4.

## スープ
## やせパスタ

栄養が溶け出たスープを余さずいただけて、お腹にもずっしり。
汁のおかげでパスタがしっとりと仕上がるから、オイルも少なめでヘルシーです。
麺は1分短めにゆで、スープに加えたら、30秒〜1分煮ると味を含んでおいしい。
スープと合わせたあとは、時間をおかずにすぐ食べてください。

## ウインナーと
## たっぷり野菜の
## 洋風スープパスタ

具材は小さめに切り、ショートパスタと一緒に食べやすく。
ビタミンC含有量トップクラスの絹さやで、免疫力向上を。
やさしいコンソメ味がしみじみおいしい。

## ウインナー入り
## ミネストローネパスタ

低糖質・食物繊維豊富なセロリがどっさり入った、
ヘルシーミネストローネ。マッシュルームでさらに腸がすっきり。
パプリカ、なす、いんげん、ズッキーニで作っても。

## ベーコンと白菜の
## コンソメスープパスタ

ベーコンのコク、くったり煮えたトマトのうまみがぎゅっ。
スープに溶け出た白菜の豊かなビタミンCを
残さずしっかりいただきます。

## 鶏ひき肉とかぶの
## トマトスープパスタ

高たんぱくの鶏ひき肉に、トマトの濃厚なリコピンで
美肌効果も。かぶの葉でかさ増ししつつ、
ビタミン、鉄、カルシウムもとれます。

## ウインナーと たっぷり野菜の洋風スープパスタ

**材料／2人分**

A ┃ ウインナー（1cm幅の輪切り）… 4本
　┃ 玉ねぎ（1.5cm角に切る）… ½個
　┃ にんじん（5mm幅のいちょう切り）… ½本
絹さや（筋を除き、斜め半分に切る）… 16枚
フジッリ（塩小さじ2を加えた熱湯1ℓで1分短くゆで、
　湯をきる）… 100g
B ┃ 水 … 3カップ
　┃ 固形スープの素 … ½個
　┃ 塩 … 小さじ½
　┃ こしょう … 少々

**作り方**

1 鍋にA、Bを入れて火にかけ、煮立ったらふたをして弱火で7～8分煮る。

2 絹さや、フジッリを加え、1分煮る。

## ウインナー入り ミネストローネパスタ

**材料／2人分**

A ┃ ウインナー（1cm幅の輪切り）… 4本
　┃ セロリ（筋を除き、1cm角に切る）… 2本
　┃ マッシュルーム（縦4等分に切る）… 6個
にんにく（つぶす）… 1かけ
スパゲッティ（塩小さじ2を加えた熱湯1ℓで1分短くゆで、
　湯をきる）… 100g
B ┃ ホールトマト缶 … ½缶（200g）
　┃ 水 … 2カップ
　┃ 塩 … 小さじ⅔
　┃ こしょう … 少々
オリーブ油 … 大さじ½

**作り方**

1 鍋にオリーブ油、にんにくを入れて弱火にかけ、香りが出たらAを加え、中火で油が回るまで炒める。

2 Bを加えてトマトをつぶし、煮立ったらふたをして弱火で7～8分煮、スパゲッティを加えてさっと煮る。

## ベーコンと白菜の
## コンソメスープパスタ

### 材料／2人分

ベーコン（1cm幅に切る）… 4枚
白菜（横1cm幅に切る）… 2枚
トマト（小さめのひと口大に切る）… 1個
スパゲッティ（塩小さじ2を加えた熱湯1ℓで1分短くゆで、
　湯をきる）… 100g
A｜水 … 3カップ
　｜固形スープの素 … 1個
　｜塩 … 小さじ¼
　｜こしょう … 少々
オリーブ油 … 大さじ½

### 作り方

1　鍋にオリーブ油を熱し、ベーコンを中火で炒め、こんがりしたら白菜を加え、油が回るまで炒める。

2　トマト、Aを加え、煮立ったらふたをして弱火で7〜8分煮、スパゲッティを加えてさっと煮る。

## 鶏ひき肉とかぶの
## トマトスープパスタ

### 材料／2人分

鶏ひき肉 … 150g
かぶ（皮をむき、6等分のくし形切り）… 2個（160g）
かぶの葉（5cm幅に切る）… 2個分（80g）
しめじ（ほぐす）… 1パック（100g）
にんにく（みじん切り）… 1かけ
スパゲッティ（塩小さじ2を加えた熱湯1ℓで1分短くゆで、
　湯をきる）… 100g
A｜トマトジュース（無塩のもの）、水 … 各1½カップ
　｜塩 … 小さじ⅔
　｜こしょう … 少々
オリーブ油 … 大さじ½

### 作り方

1　鍋にオリーブ油、にんにくを入れて弱火にかけ、香りが出たらひき肉を加え、中火で色が変わってパラパラになるまで炒める。

2　かぶ、しめじ、Aを加え、煮立ったらふたをして弱火で5〜6分煮、かぶの葉、スパゲッティを加えてさっと煮る。

## 鶏むね肉と小松菜の和風スープパスタ

高たんぱく・低脂質の鶏むねは、粉をまぶしてしっとり、やわらかく。超低糖質の小松菜でカルシウムを補給、しょうがでからだも温まります。

## 鶏ひき肉とクレソンのエスニックスープパスタ

鶏ひきは水からじっくり煮てだしをとり、食感もやわらかく。
低糖質・低カロリーのもやしで、かさ倍増。
クレソンは、かわりににらやセロリ、みつばでも。

## 鶏もも肉とほうれんそうの
## レモンクリームスープパスタ

鶏肉に粉をまぶしてとろみをつけ、牛乳は水で割って
カロリーダウンしつつ、レモン汁の分離を防ぎます。
ほうれんそうのビタミンで抗酸化作用も。

## 鶏もも肉とキャベツの
## カレースープパスタ

高たんぱくの鶏肉＋カレーのスパイスで代謝を高め、
やせやすく。キャベツとエリンギはたっぷり加え、
大きめに切ってかみごたえを出します。

スープ 85

## 鶏ひき肉とクレソンの
## エスニックスープパスタ

**材料／2人分**

鶏ひき肉 … 150g
クレソン（5cm幅に切る）… 1束（30g）
もやし … 1袋（200g）
スパゲッティ（塩小さじ2を加えた熱湯1ℓで1分短くゆで、
　湯をきる）… 100g
A｜水 … 3カップ
　｜酒 … 大さじ2
B｜ナンプラー … 大さじ2
　｜こしょう … 少々

**作り方**

1　鍋にひき肉、Aを入れ、さっと混ぜて火にかけ、煮立ったらアクをとってもやしを加え、再び煮立ったらふたをして弱火で5分煮る。

2　クレソン、スパゲッティ、Bを加え、さっと煮る。

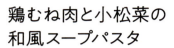

## 鶏むね肉と小松菜の
## 和風スープパスタ

**材料／2人分**

鶏むね肉（皮を除いてひと口大のそぎ切りにし、Aを順にまぶす）
　… 1枚（250g）
A｜塩 … 小さじ¼
　｜こしょう、片栗粉 … 各少々
小松菜（5cm幅に切る）… 1束（200g）
しょうが（せん切り）… 1かけ
スパゲッティ（塩小さじ2を加えた熱湯1ℓで1分短くゆで、
　湯をきる）… 100g
B｜だし汁 … 3カップ
　｜しょうゆ … 大さじ1
　｜塩 … 小さじ½

**作り方**

1　鍋にBを入れて火にかけ、煮立ったら鶏肉を加えて色が変わるまで煮、小松菜、しょうがを加え、再び煮立ったらふたをして弱火で5分煮る。

2　スパゲッティを加え、さっと煮る。

## 鶏もも肉とほうれんそうの
## レモンクリームスープパスタ

### 材料／2人分

鶏もも肉（皮を除いて3cm角に切り、小麦粉をまぶす）… 1枚 (300g)
小麦粉 … 大さじ½
ほうれんそう（5cm幅に切る）… ½束 (100g)
しめじ（ほぐす）… 1パック (100g)
スパゲッティ … 100g
A
水 … 2カップ
牛乳 … 1カップ
塩 … 小さじ½
こしょう … 少々
レモン汁 … 小さじ2
オリーブ油 … 大さじ½

### 作り方

**1** スパゲッティは塩小さじ2を加えた熱湯1ℓで1分短くゆで、ゆで上がる1分前にほうれんそうを加えて一緒にゆで、湯をきる。

**2** 鍋にオリーブ油を熱し、鶏肉を中火で焼き、こんがりしたら裏返してしめじを加え、しんなりするまで炒める。Aを加え、煮立ったらふたをして弱火で7〜8分煮、1を加えてさっと煮、火を止めてレモン汁を加える。

## 鶏もも肉とキャベツの
## カレースープパスタ

### 材料／2人分

鶏もも肉（皮を除いて3cm角に切り、Aをふる）… 1枚 (300g)
A
塩 … 小さじ¼
こしょう … 少々
キャベツ（3cm角に切る）… 4枚
エリンギ（乱切り）… 1パック (100g)
スパゲッティ（塩小さじ2を加えた熱湯1ℓで1分短くゆで、
湯をきる）… 100g
B
水 … 3カップ
カレー粉 … 小さじ1
塩 … 小さじ⅔
こしょう … 少々
オリーブ油 … 大さじ½

### 作り方

**1** 鍋にオリーブ油を熱し、鶏肉を中火で焼き、こんがりしたらキャベツ、エリンギを加え、油が回るまで炒める。

**2** Bを加え、煮立ったらふたをして弱火で7〜8分煮、スパゲッティを加えてさっと煮る。

## ささみときのこの 和風スープパスタ

まいたけのたんぱく質分解酵素の働きで、高たんぱくのささみもしっとり、やわらかく。2種類のきのこのだしでうまみ十分、腸すっきりで免疫力もアップします。

## ささみとカリフラワーの 豆乳スープパスタ

ささみ＋豆乳＝たんぱく質をダブルでとれるヘルシースープ。低糖質で食物繊維豊富なカリフラワーの熱に強いビタミンCで、美肌効果とストレス緩和も。

## ささみときのこの
## 和風スープパスタ

**材料／2人分**

鶏ささみ（筋を除いてひと口大のそぎ切りにし、Aをふる）
　… 3本（180g）

A ｜ 塩 … 小さじ¼
　｜ こしょう … 少々

まいたけ（ほぐす）… 1パック（100g）
生しいたけ（1cm幅に切る）… 4枚
スパゲッティ（塩小さじ2を加えた熱湯1ℓで1分短くゆで、
　湯をきる）… 100g

B ｜ だし汁 … 3カップ
　｜ しょうゆ … 小さじ2
　｜ 塩 … 小さじ½

**作り方**

**1** 鍋にBを入れて火にかけ、煮立ったらささみ、きのこ
を加え、再び煮立ったらふたをして弱火で5分煮る。

**2** スパゲッティを加え、さっと煮る。

## ささみとカリフラワーの
## 豆乳スープパスタ

**材料／2人分**

鶏ささみ（筋を除いてひと口大のそぎ切りにし、Aを順にまぶす）
　… 3本（180g）

A ｜ 塩 … 小さじ¼
　｜ 片栗粉 … 少々

カリフラワー（小房に分ける）… ½株（正味150g）
スパゲッティ（塩小さじ2を加えた熱湯1ℓで1分短くゆで、
　湯をきる）… 100g
豆乳（成分無調整のもの）… 1½カップ

B ｜ 水 … 1½カップ
　｜ 塩 … 小さじ⅔
　｜ こしょう … 少々

**作り方**

**1** 鍋にBを入れて火にかけ、煮立ったらささみ、カリフ
ラワーを加え、再び煮立ったらふたをして弱火で5〜
6分煮る。

**2** スパゲッティ、豆乳を加えて沸騰直前まで温め、器
に盛って粗びき黒こしょう（分量外）をふる。

## むきえびとズッキーニの
## トマトクリームスープパスタ

低脂肪・高たんぱくのえびでごちそう感、ズッキーニでボリューム感を。
トマトクリームは、少量の牛乳でカロリーと脂質をカットします。

## 豚こま肉と大根の
## ピリ辛ごまみそスープパスタ

発酵食品のみそにピリッと豆板醤で、パンチがきいた濃厚スープ。
麺に見立てた大根でかさ増し、豚こまのコクで満足感はしっかりです。

## 豚こま肉と大根の
## ピリ辛ごまみそスープパスタ

**材料／2人分**

豚こま切れ肉 (ひと口大に切り、Aをふる) … 200g

A
　塩 … 小さじ¼
　こしょう … 少々

大根 (細切り) … 5cm (200g)

長ねぎ (青い部分も・5mm幅の斜め切り) … 1本

スパゲッティ (塩小さじ2を加えた熱湯1ℓで1分短くゆで、
　湯をきる) … 100g

豆板醤 … 小さじ½

B
　水 … 3カップ
　みそ … 大さじ2
　酒、白すりごま … 各大さじ1

ごま油 … 大さじ½

**作り方**

1 鍋にごま油を熱し、豚肉を中火で炒め、色が変わったら大根、長ねぎ、豆板醤を加え、しんなりするまで炒める。

2 Bを加え、煮立ったらふたをして弱火で10分煮、スパゲッティを加えてさっと煮る。

## むきえびとズッキーニの
## トマトクリームスープパスタ

**材料／2人分**

むきえび (背ワタを除き、片栗粉をまぶしてもみ洗いし、
　水けをきる) … 16尾 (150g)

片栗粉 … 適量

ズッキーニ (1cm幅の半月切り) … 1本

スパゲッティ (塩小さじ2を加えた熱湯1ℓで1分短くゆで、
　湯をきる) … 100g

A
　ホールトマト缶 … ¼缶 (100g)
　水 … 2カップ
　塩 … 小さじ⅔
　こしょう … 少々

牛乳 … ½カップ

オリーブ油 … 大さじ½

**作り方**

1 鍋にオリーブ油を熱し、えびを中火で炒め、色が変わったらズッキーニを加え、油が回るまで炒める。

2 Aを加えてトマトをつぶし、煮立ったらふたをして弱火で7〜8分煮、スパゲッティ、牛乳を加えて沸騰直前まで温める。

スープ 91

# あさり缶と白菜の
# クラムチャウダーパスタ

脂肪燃焼効果のあるあさり缶は汁ごと使い、うまみと栄養を摂取。
低糖質の白菜で満足感を得られる、あっさりと軽いチャウダーです。

# きのこのボンゴレ風
# スープパスタ

あさり&きのこの低カロリーコンビで作る、しみじみおいしいひと皿。
どっさりきのこの食物繊維とカリウムが、便秘やむくみに作用します。

## あさり缶と白菜の
## クラムチャウダーパスタ

### 材料／2人分

あさり水煮缶 … 1缶 (125g)
白菜 (4cm角のそぎ切り) … 2枚
にんじん (1cm角に切る) … ¼本
ペンネ (塩小さじ2を加えた熱湯1ℓで1分短くゆで、
　湯をきる) … 100g
A ┃ 牛乳、水 … 各1½カップ
　 ┃ 塩 … 小さじ⅔
　 ┃ こしょう … 少々

### 作り方

**1** 鍋にあさり缶 (汁ごと)、Aを入れて火にかけ、煮立ったら白菜、にんじんを加え、再び煮立ったらふたをして弱火で7〜8分煮る。

**2** ペンネを加え、さっと煮る。

## きのこのボンゴレ風
## スープパスタ

### 材料／2人分

あさり (砂抜きしたもの) … 1パック (200g) ＊
エリンギ (縦横半分に切り、5mm幅に切る) … 1パック (100g)
マッシュルーム (5mm幅に切る) … 6個
にんにく (みじん切り) … 1かけ
スパゲッティ (塩小さじ2を加えた熱湯1ℓで1分短くゆで、
　湯をきる) … 100g
白ワイン (または酒) … 大さじ2
A ┃ 水 … 3カップ
　 ┃ 塩 … 小さじ⅔
　 ┃ こしょう … 少々
オリーブ油 … 大さじ½
＊砂出しのしかたは、p75参照

### 作り方

**1** 鍋にオリーブ油、にんにくを入れて弱火にかけ、香りが出たらきのこを加えて中火で油が回るまで炒め、あさり、白ワインを加えて煮立たせる。

**2** Aを加え、煮立ったらふたをして弱火で5分煮、スパゲッティを加えてさっと煮る。

スープ　93

# 豆腐とオクラの明太スープパスタ

豆腐の良質なたんぱく質でボリュームアップ&アンチエイジング。
オクラのネバネバが明太子とよくからみ、血糖値の急上昇を抑えます。

**材料／2人分**

絹ごし豆腐（2cm角に切る）… 2/3丁（200g）
オクラ（ガクをくるりとむき、
　　1cm幅の斜め切り）… 8本
明太子（薄皮を除く）… 1本（40g）
スパゲッティ（塩小さじ2を加えた熱湯1ℓで
　　1分短くゆで、湯をきる）… 100g
A ｜ だし汁 … 3カップ
　 ｜ しょうゆ … 小さじ1
　 ｜ 塩 … 小さじ2/3
B ｜ 片栗粉 … 小さじ2
　 ｜ 水 … 小さじ4

**作り方**

1　鍋に豆腐、オクラ、明太子、Aを入れ、さっと混ぜて火にかけ、煮立ったらふたをして弱火で5〜6分煮る。

2　混ぜたBでとろみをつけ、スパゲッティを加えてさっと煮る。

# 5.

## ワンパン
## やせパスタ

麺を別ゆでする必要がなく、フライパンひとつで一気に完成するパスタです。
フライパンの中で肉や魚、野菜と一緒に加熱するので、麺にうまみがうつって
食べごたえはしっかり。袋の表示時間と同じくらい煮れば OK ですが、
麺のくっつき防止に、途中で 1 回混ぜるのが大事なポイントです。

# ベーコンと水菜のペペロンチーノ

食物繊維豊富な水菜をどっさり1束加えてかさ増しし、最後に加えることで、食感を残すのもコツ。ベーコンをツナやハムにし、カロリーダウンしても。

**材料／2人分**

ベーコン（1cm幅に切る）… 4枚
水菜（5cm幅に切る）… 1束（200g）
A ┃ にんにく（みじん切り）… 2かけ
　 ┃ 赤唐辛子（小口切り）… 1本
スパゲッティ（9分ゆで・半分に折る）
… 100g
B ┃ 水 … 1½カップ
　 ┃ 塩 … 小さじ⅓
　 ┃ こしょう … 少々
オリーブ油 … 大さじ½

**作り方**

1 フライパンにオリーブ油、Aを入れて弱火にかけ、香りが出たらベーコンを加え、中火でこんがり炒める。

2 Bを加え、煮立ったらスパゲッティを加えてさっと混ぜ、再び煮立ったらふたをして弱火で9分煮（途中で1回混ぜる）、水菜を加えてさっと混ぜる。

# ツナときのこのバターじょうゆパスタ

高たんぱくのツナは汁ごと加え、2種類のきのこと合わせてうまみ濃厚に。
えのきは麺と同化作戦。少なめのバターは、最後に加えてコク出しします。

### 材料／2人分

ツナ缶（水煮）… 小2缶（140g）
えのきだけ（長さを半分に切り、ほぐす）
　… 2袋（200g）
生しいたけ（5mm幅に切る）… 6枚
スパゲッティ（9分ゆで・半分に折る）
　… 100g
A ┃ 水 … 1½カップ
　 ┃ しょうゆ … 大さじ1
バター … 10g

### 作り方

**1** フライパンにツナ（汁ごと）、Aを入れて火にかけ、煮立ったらきのこ、スパゲッティを加えてさっと混ぜ、再び煮立ったらふたをして弱火で9分煮る（途中で1回混ぜる）。バターを加え、さっと混ぜる。

### 材料／2人分

ウインナー（縦半分に切り、1cm幅の斜め切り）
　… 4本
白菜（ひと口大のそぎ切り）… 3枚
A ┃ アンチョビ（フィレ・たたく）… 6枚（20g）
　┃ にんにく（みじん切り）… 1かけ
スパゲッティ（9分ゆで・半分に折る）… 100g
B ┃ ホールトマト缶 … 1缶（400g）
　┃ 水 … 1カップ
　┃ 塩 … 小さじ¼
　┃ こしょう … 少々
オリーブ油 … 大さじ½

### 作り方

**1** フライパンにオリーブ油、**A**を入れて弱火にかけ、香りが出たらウインナー、白菜を加え、中火で油が回るまで炒める。

**2** **B**を加えてトマトをつぶし、煮立ったらスパゲッティを加えてさっと混ぜ、再び煮立ったらふたをして弱火で10分煮る（途中で1回混ぜる）。

# ウインナーと白菜のアンチョビトマトソース

アンチョビのおかげで、深みのあるトマト味に。低糖質の白菜は、
少ない油で炒めてコクをプラス。キャベツやほうれんそう、きのこでも。

## 材料／2人分

- A
  - ベーコン（1cm幅に切る）… 4枚
  - ズッキーニ（1cm幅の半月切り）… 1本
  - 玉ねぎ（5mm幅に切る）… 1個
- スパゲッティ（9分ゆで・半分に折る）… 100g
- B
  - 水 … 1½カップ
  - ケチャップ … 大さじ3
  - 塩 … 小さじ¼
  - こしょう … 少々
- 牛乳 … ¼カップ
- オリーブ油 … 大さじ½

## 作り方

1. フライパンにオリーブ油を熱し、Aを中火でしんなりするまで炒める。
2. Bを加え、煮立ったらスパゲッティを加えてさっと混ぜ、再び煮立ったらふたをして弱火で9分煮（途中で1回混ぜる）、牛乳を加えて沸騰直前まで温める。

# ベーコンとズッキーニのクリーミーナポリタン

炒め玉ねぎで甘みを出しつつ、生クリームがわりの牛乳で脂質オフすれば、
ケチャップの酸味がまろやかに。低糖質のズッキーニは、厚切りで満足感十分に。

# ベーコンとアスパラのアラビアータ

低カロリーなアスパラは大きめに切り、最後に加えて食感よく。
玉ねぎを半量にしてきのこで糖質カットしたり、唐辛子を種ごとで辛くしても。

### 材料／2人分

- ベーコン (1cm幅に切る) … 4枚
- グリーンアスパラ (下のかたい皮をむき、2cm幅の斜め切り) … 5本
- 玉ねぎ (5mm幅に切る) … 1個
- A
  - にんにく (みじん切り) … 1かけ
  - 赤唐辛子 (半分にちぎり、種を除く) … 1本
- ペンネ (12分ゆで) … 100g
- B
  - ホールトマト缶 … ½缶 (200g)
  - 水 … 1½カップ
  - 塩 … 小さじ½
  - こしょう … 少々
- オリーブ油 … 大さじ½

### 作り方

1. フライパンにオリーブ油、Aを入れて弱火にかけ、香りが出たらベーコン、玉ねぎを加え、中火でしんなりするまで炒める。

2. Bを加えてトマトをつぶし、煮立ったらペンネを加えてさっと混ぜ、再び煮立ったらふたをして弱火で11分煮る（途中で1回混ぜる）。アスパラを加え、ふたをして2分煮る。

## 材料／2人分

- 鶏もも肉（皮を除いて3cm角に切り、塩をふる）… 1枚（300g）
- 塩 … 小さじ¼
- エリンギ（軸は1cm幅の輪切りにし、かさは縦半分に切る）… 2パック（200g）
- みつば（3cm幅に切る）… 1袋（50g）
- 焼きのり（ちぎる）… 全形2枚
- スパゲッティ（9分ゆで・半分に折る）… 100g
- A
  - だし汁 … 1½カップ
  - しょうゆ … 小さじ1
  - ゆずこしょう … 小さじ½
- サラダ油 … 大さじ½

## 作り方

1. フライパンにサラダ油を熱し、鶏肉を中火で炒め、こんがりしたらエリンギを加え、油が回るまで炒める。
2. Aを加え、煮立ったらスパゲッティ、のりを加えてさっと混ぜ、再び煮立ったらふたをして弱火で9分煮（途中で1回混ぜる）、みつばを加えてさっと混ぜる。

# 鶏もも肉とエリンギのゆずこしょうのりパスタ

食物繊維やミネラル豊かなのりの風味に、ゆずこしょうがさわやか。
高たんぱくな鶏肉で満腹度を、輪切りのエリンギでかみごたえをアップ。

# 鶏もも肉とかぶのめんつゆしょうがパスタ

めんつゆで手軽に作れる和風味は、キリッとしょうがでからだ温め効果も。
かぶは厚めに切って食べごたえを出し、しいたけの食物繊維で腸が元気に。

**材料／2人分**

| 鶏もも肉（皮を除いて3cm角に切り、塩をふる）… 1枚（300g）
| 塩 … 小さじ¼
かぶ（皮をむき、縦半分に切って1cm幅に切る）… 2個（160g）
かぶの葉（5cm幅に切る）… 2個分（80g）
生しいたけ（5mm幅に切る）… 4枚
しょうが（せん切り）… 2かけ
スパゲッティ（9分ゆで・半分に折る）… 100g
A | 水 … 1½カップ
　| めんつゆ（3倍濃縮）… 大さじ1
ごま油 … 大さじ½

**作り方**

1　フライパンにごま油、しょうがを入れて弱火にかけ、香りが出たら鶏肉を加え、中火でこんがり炒める。

2　Aを加え、煮立ったらスパゲッティを加えてさっと混ぜ、再び煮立ったらふたをして弱火で5分煮る。1回混ぜてかぶ、かぶの葉、しいたけを加え、ふたをして4分煮る。

# むきえびとピーマンの<br>パセリパスタ

高たんぱく・低脂質食材のえびは、鶏肉や鮭、冷凍いかにかえても。
ピーマンとパセリの強力な抗酸化ビタミンが、美肌に作用します。

**材料／2人分**

むきえび（背ワタを除き、片栗粉をまぶして
　もみ洗いし、水けをきる）… 16尾（150g）
片栗粉 … 適量
ピーマン（横1cm幅に切る）… 3個
玉ねぎ（5mm幅に切る）… 1個
にんにく（みじん切り）… 1かけ
パセリ（みじん切り）… 大さじ2
スパゲッティ（9分ゆで・半分に折る）… 100g
A ┃ 水 … 1½カップ
　 ┃ 固形スープの素 … ½個
　 ┃ 塩 … 小さじ¼
　 ┃ こしょう … 少々
オリーブ油 … 大さじ½

**作り方**

1　フライパンにオリーブ油、にんにくを入れて弱火にかけ、香りが出たらえび、玉ねぎを加え、中火でえびの色が変わるまで炒める。

2　Aを加え、煮立ったらスパゲッティを加えてさっと混ぜ、再び煮立ったらふたをして弱火で8分煮る（途中で1回混ぜる）。ピーマンを加えてふたをして1分煮、パセリを加えて混ぜ、器に盛ってパセリ（分量外）をふる。

# 鮭といんげんのチーズクリームパスタ

ピザ用チーズを加えたクリームソースは、低脂質でいて濃厚な味わい。
いんげんのかみごたえで満足度アップ、どっさりえのきでかさ増しと腸活を。

### 材料／2人分

生鮭の切り身（小さめのひと口大に切る）… 2枚（180g）
いんげん（5cm幅に切る）… 10本
えのきだけ（長さを半分に切り、ほぐす）
　… 2袋（200g）
スパゲッティ（9分ゆで・半分に折る）
　… 100g

A
　牛乳、水 … 各¾カップ
　固形スープの素 … ½個
　塩 … 小さじ⅓
　こしょう … 少々

ピザ用チーズ … 大さじ4
オリーブ油 … 大さじ½

### 作り方

1　フライパンにオリーブ油を熱し、鮭の両面を中火でこんがり焼く。

2　Aを加え、煮立ったらいんげん、えのき、スパゲッティを加えてさっと混ぜ、再び煮立ったらふたをして弱火で9分煮（途中で2回混ぜる）、チーズを加えてさっと混ぜる。

## 材料／2人分

さば水煮缶 … 1缶（200g）
カリフラワー（小房に分ける）
　… ½株（正味150g）
しめじ（ほぐす）… 1パック（100g）
フジッリ（11分ゆで）… 100g

A
水 … 1½カップ
めんつゆ（3倍濃縮）
　… 大さじ1
カレー粉 … 小さじ2

## 作り方

**1** フライパンにさば缶（汁ごと）、Aを入れて火にかけ、煮立ったらカリフラワー、しめじ、フジッリを加えてさっと混ぜ、再び煮立ったらふたをして弱火で13分煮る（途中で1回混ぜる）。

# さば缶とカリフラワーのカレーパスタ

DHA・EPA、良質なたんぱく質を含むさば缶は、好相性のカレー風味で汁ごと食べて栄養を吸収。カリフラワーとしめじの食物繊維が、腸内をきれいに。

## column2 レンチンやせパスタ

# ベーコンときのこの バターじょうゆパスタ

途中で混ぜる時は麺をほぐす程度にし、粘りを出さないのがコツ。人気のバターじょうゆ味、どっさりきのこでお腹がすっきりします。

### 材料／1人分

A
- ベーコン（1cm幅に切る）… 2枚
- しめじ（ほぐす）… 1パック（100g）
- まいたけ（ほぐす）… ½パック（50g）
- バター … 5g

スパゲッティ（9分ゆで・半分に折る）… 50g

B
- 水 … ¾カップ
- オリーブ油 … 大さじ½
- しょうゆ … 小さじ2

### 作り方

1. 耐熱ボウル（直径21cm）にBを入れ、スパゲッティを加えてさっと混ぜて×の形にし、Aをのせる。ラップをふんわりかけて電子レンジで7分⇒さっと麺をほぐし、さらに3分加熱する。

ボウルに調味料と水を入れ、麺を加えてさっと混ぜたら、×の形にして加熱ムラを防ぐ。麺が汁につかっていなくてもOK。

### 材料／1人分

- A
  - 桜えび（乾燥）… 大さじ2
  - 小松菜（5cm幅に切る）… ½束（100g）
  - エリンギ（縦横半分に切り、5mm幅に切る）… ½パック（50g）
  - にんにく（みじん切り）… 1かけ
  - 赤唐辛子（小口切り）… ½本
- スパゲッティ（9分ゆで・半分に折る）… 50g
- B
  - 水 … ¾カップ
  - オリーブ油 … 大さじ½
  - 塩 … 小さじ⅓
  - こしょう … 少々

### 作り方

1. 耐熱ボウル（直径21cm）にBを入れ、スパゲッティを加えてさっと混ぜて×の形にし、Aをのせる。ラップをふんわりかけて電子レンジで7分⇒さっと麺をほぐし、さらに3分加熱する。

# 桜えびと小松菜のペペロンチーノ

桜えびに低糖質な小松菜を合わせ、ダブルでカルシウムを摂取。
野菜やきのこの栄養が麺にしみ込んだ、具だくさんでパンチのあるひと皿。

# ウインナーとキャベツのトマトソース

トマトソースは麺に火が入りにくいので、少し長めに加熱するのが大事。
野菜は小松菜やきのこ、ピーマン、パプリカでも。ただし、g数は同じにして。

### 材料／1人分

- A
  - ウインナー（1cm幅の斜め切り）… 2本
  - キャベツ（3cm角に切る）… 2枚（100g）
- スパゲッティ（9分ゆで・半分に折る）… 50g
- B
  - ホールトマト缶 … 150g
  - 水 … ¾カップ
  - オリーブ油 … 大さじ½
  - 塩 … 小さじ⅓
  - こしょう … 少々

### 作り方

1. 耐熱ボウル（直径21cm）にBを入れてトマトをつぶし、スパゲッティを加えてさっと混ぜて×の形にし、Aをのせる。ラップをふんわりかけて電子レンジで7分⇒さっと麺をほぐし、さらに4分加熱する。

# 鶏ひき肉とチンゲンサイのゆずこしょうパスタ

ゆずこしょうと好相性の鶏ひき肉は、固まらないよう広げて入れて。
ビタミン＆カルシウム豊富なチンゲンサイを、小松菜やキャベツにしても。

**材料／1人分**

A
- 鶏ひき肉 … 80g
- チンゲンサイ（5cm幅に切り、茎は縦半分に切る）… 1株（100g）

- スパゲッティ（9分ゆで・半分に折る）… 50g

B
- 水 … ¾カップ
- オリーブ油 … 大さじ½
- ゆずこしょう、塩 … 各小さじ¼

**作り方**

1. 耐熱ボウル（直径21cm）にBを入れ、スパゲッティを加えてさっと混ぜて×の形にし、A（ひき肉は広げて）を順にのせる。ラップをふんわりかけて電子レンジで7分⇒さっと麺をほぐし、さらに3分加熱する。

## 材料／1人分

- A
  - 合びき肉 … 100g
  - いんげん（5cm幅の斜め切り）… 10本（80g）
  - 玉ねぎ（みじん切り）… 1/4個（50g）
- スパゲッティ（9分ゆで・半分に折る）… 50g
- B
  - ホールトマト缶 … 150g
  - 水 … 3/4カップ
  - ケチャップ … 大さじ2
  - オリーブ油 … 大さじ1/2
  - 塩、にんにく（すりおろし）… 各小さじ1/2
  - こしょう … 少々

## 作り方

1. 耐熱ボウル（直径21cm）にBを入れてトマトをつぶし、スパゲッティを加えてさっと混ぜて×の形にし、A（ひき肉は広げて）を順にのせる。ラップをふんわりかけて電子レンジで7分⇒さっと麺をほぐし、さらに4分加熱する。

# いんげん入りミートソース

人気のあの味をレンチンで実現、どっさりいんげんでかさ増しします。
豚赤身ひき肉でカロリーダウンしたり、野菜を同量のピーマンやきのこにかえても。

# むきえびとアスパラのカルボナーラ

余熱で卵と粉チーズを混ぜれば、低カロリーなのに濃厚な味わい。
生クリーム不使用、低脂質・高たんぱくのえびで、満足感がありつつ軽やかに。

### 材料／1人分

A
- むきえび（背ワタを除き、片栗粉適量をまぶしてもみ洗いし、水けをきる）… 8尾（80g）
- グリーンアスパラ（下のかたい皮をむき、2cm幅の斜め切り）… 3本（60g）
- マッシュルーム（5mm幅に切る）… 3個（40g）

スパゲッティ（9分ゆで・半分に折る）… 50g

B
- 水 … ¾カップ
- オリーブ油 … 大さじ½
- 塩 … 小さじ¼

卵 … 1個
粉チーズ … 大さじ½
粗びき黒こしょう … 少々

### 作り方

1 耐熱ボウル（直径21cm）にBを入れ、スパゲッティを加えてさっと混ぜて×の形にし、Aをのせる。ラップをふんわりかけて電子レンジで7分⇒さっと麺をほぐし、さらに3分加熱する。

2 卵（割り入れて）、チーズを加えてよく混ぜ、器に盛って黒こしょうをふる。

## 新谷友里江 （にいや ゆりえ）

料理家・管理栄養士。1983年茨城県生まれ、2児の母。大学在学中から祐成陽子クッキングアートセミナーに通い始め、卒業後は同校講師、料理家・祐成二葉氏のアシスタントを経て独立。書籍・雑誌・広告などのレシピ開発、フードスタイリング、フードコーディネートを中心に活躍中。作りやすくて野菜たっぷりの家庭料理やおうちおやつを中心に、いつもの料理がちょっとした組み合わせの変化で楽しめるようになる、アイデアあふれるレシピが得意。著書に『コンテナですぐできレンチンひとり分ごはん』『豆腐干でやせおかず100』（ともに小社刊）、『つなぎごはん』（誠文堂新光社）など。

http://cook-dn.com ／ Instagram : @yurie_niiya

## 野菜どっさり やせパスタ100

著 者　新谷友里江
編集人　足立昭子
発行人　殿塚郁夫
発行所　株式会社主婦と生活社
　　　　〒104-8357　東京都中央区京橋3-5-7
　　　　Tel.03-3563-5321（編集部）
　　　　Tel.03-3563-5121（販売部）
　　　　Tel.03-3563-5125（生産部）
　　　　https://www.shufu.co.jp
　　　　ryourinohon@mb.shufu.co.jp
製版所　東京カラーフォト・プロセス株式会社
印刷所　TOPPANクロレ株式会社
製本所　株式会社若林製本工場
ISBN978-4-391-16408-4

落丁・乱丁の場合はお取り替えいたします。お買い求めの書店か、小社生産部までお申し出ください。

R本書を無断で複写複製（電子化を含む）することは、著作権法上の例外を除き、禁じられています。本書をコピーされる場合は、事前に日本複製権センター（JRRC）の許諾を受けてください。
また、本書を代行業者等の第三者に依頼してスキャンやデジタル化をすることは、たとえ個人や家庭内の利用であっても一切認められておりません。
JRRC（https://jrrc.or.jp
Eメール:jrrc_info@jrrc.or.jp　Tel.03-6809-1281）

©YURIE NIIYA 2025　Printed in Japan

お送りいただいた個人情報は、今後の編集企画の参考としてのみ使用し、他の目的には使用いたしません。詳しくは当社のプライバシーポリシー（https://www.shufu.co.jp/privacy/）をご覧ください。

| アートディレクション | 中村圭介（ナカムラグラフ） |
| デザイン | 平田 賞（ナカムラグラフ） |
| 撮影 | 鈴木泰介 |
| スタイリング | 阿部まゆこ |
| 調理アシスタント | 木村 薫、大澤みお、寺澤寛奈 |
| 取材 | 中山み登り |
| 校閲 | 滄流社 |
| 編集 | 足立昭子 |